Mariella Plumeri Caterini

Non solo "miao"
Autobiografia di un gatto

ROMANZO

Prima edizione, Tagete, luglio 2013

Seconda edizione riveduta e corretta: CreateSpace, febbraio 2015

Impaginazione e grafica di copertina: Silvia Magli
silviamagli@katamail.com

ISBN: 978-88-940362-6-8

Introduzione

Scrissi questo romanzo molti, anzi moltissimi anni fa. Le mie bambine erano molto piccole e mi piaceva raccontare loro favole create sul momento. Ma la storia di Socrate, detto Muci, non è una favola. È del tutto vera e la scrissi più per me stessa che per altri, per ricordare un "amico" speciale. E anche perché, ogni volta che la raccontavo, gli ascoltatori si entusiasmavano e mi tempestavano di domande.

I fatti risalgono alla mia adolescenza, quando il gatto Socrate, detto Muci, entrò nella mia vita. Non esagero se affermo che comunicava con noi col pensiero e con la mimica, che ci amava come lo amavamo noi, anche se il luogo comune ritiene che un gatto sia un opportunista e non sappia amare. Il gatto, essendo un animale indipendente, sceglie chi amare. Socrate scelse, contemporaneamente, due "amici" mai padroni.

Socrate, o se preferite Muci, viaggiò con noi, ci seguì nei nostri trasferimenti da una città all'altra e visse la sua storia avventurosa nella nostra storia. Così che mi fu possibile testimoniare la sua vita attraverso i suoi occhi, immedesimandomi nei suoi pensieri.

In seguito, ebbi altri gatti, questa volta "raccolti" o salvati, dalle figlie bambine e adolescenti e non potei rifiutarmi di accettarli in casa. Essi confermarono quanto già sapevo di loro. Ho avuto anche cani. Li ho amati e ho costatato che si piange quando se ne vanno per sempre. Socrate, però, gatto speciale, resta unico nei miei ricordi.

Il "suo" romanzo, rimasto inedito per anni, ha avuto una prima limitata edizione cartacea ora esaurita. Adesso, la storia di Socrate, il gatto detto Muci, sembra assurdo, mi si ripresenta e mi sollecita a riproporla. Ecco, quindi, fra i miei tanti e diversi romanzi pubblicati, ancora una volta, immortalata la vita di Socrate detto Muci, gatto eccezionale.

L'autrice

I

VERSO IL FIUME

Me ne sto quatto quatto a puntare una lucertola, talmente intento ai suoi movimenti sul muro che mi è davanti, da non prevedere ciò che sta per accadermi. La mano dura e impietosa del "mio nemico" mi piomba addosso all'improvviso, mi agguanta alla collottola. Non ho la possibilità di difendermi.

Mi divincolo, è vero, cerco di mordere e graffiare, ma l'altro è più forte.

Ho appena il tempo di intravedere il muso malinconico e inoffensivo di Tommaso; non tenta di aiutarmi. Del resto lo capisco, come potrebbe? È soltanto un cane, legato al suo padrone da fedeltà e obbedienza servile. Ha per me una certa simpatia, perfino dell'affetto, ma non lo contrarierebbe mai. Ho appena il tempo di incontrare il suo sguardo umido e compassionevole e finisco dentro un sacco.

La tela è ruvida e odorosa di trifoglio. È l'erba che "l'assassino", così da tempo lo chiamo dentro di me, raccoglie ogni giorno per i conigli. Conosco il linguaggio degli uomini e penso vocaboli umani, anche se non riesco a esprimerli con la voce. Per questo motivo scelgo il termine "assassino" che ritengo il più adeguato.

Sono piuttosto sensibile e detesto l'odore del trifoglio, così starnutisco e mi agito inutilmente dentro il sacco chiuso.

Se faccio un esame di coscienza, riconosco che questo guaio sono andato a cercarmelo, fino al momento in cui ho messo gli occhi addosso a Circe. Una gattina sofisticata e di ottima famiglia, non so bene come capitata in casa di quell'omaccio rude e malvagio. Ho voluto fare lo sbruffone, il *supergatto*. So che mi ama proprio perché mi considera un essere eccezionale e non posso deluderla.

Ricordo che mi aveva supplicato con lunghi lamenti: – Non essere imprudente, il mio padrone è molto pericoloso e ti farà del male –.

Ho risposto: – Non preoccuparti, so difendermi –.

Non ho ascoltato i consigli dell'amico Tommaso, né quelli di Satanasso, mio rivale in amore che, per solidarietà di razza, ha voluto mettermi in guardia. Circe domani piangerà le sue lacrime di vedova e i suoi cuccioli nasceranno orfani di padre. O forse, peggio, mi si drizza il pelo a questo pensiero, seguiranno la mia sorte.

L'uomo lega il sacco sul portapacchi e, via, pedala. La posizione è scomoda e i sobbalzi sono spiacevoli.

Attraverso la trama rada, respiro e vedo la luce. È una sensazione che mi ricorda un episodio lontano.

Nella primavera del 1953, dopo due soli mesi di vita, per me ci fu un altro viaggio simile, su di un'altra bicicletta. Allora ero molto giovane e ottimista. Adesso che ho tre anni e molta esperienza sulle spalle – e posso dire di aver vissuto intensamente – non ho alcuna speranza di salvezza. Guardo indietro e rivedo il passato, così come accade ai condannati a morte o ai moribondi. So che l'uomo con la bicicletta si dirige verso il fiume. Ha giurato.

– Giuro che se trovo quel gatto intorno a casa mia, lo infilo in un sacco e lo porto ad annegare in Arno –.

II

OCCHI-VERDI-DORATI

La mano del bambino, esplorando nella cesta di vimini che mi ospitava con i miei fratelli, aveva un'incertezza colpevole. Mi rannicchiai contro il tepore soffice e protettivo di mia madre. Mia madre non capì la mia paura perché di quel bambino si fidava, come mi ero fidato io fino a pochi attimi prima. Finii dentro una borsa di tela insieme a mia sorella.

– Dove ci porterà – mi chiese lei con quella sua vocetta esile e tremante.

– Piccolina, non lo so –. Invece capivo. Per lo meno immaginavo quello che sarebbe potuto capitarci.

Il bambino mise la borsa al manubrio della bicicletta e pedalò a lungo, come se non sapesse decidersi a fermarsi. Mia sorella mi si accostava spaventata a ogni brusco sobbalzo.

– Non rivedremo più la mamma, vero? – intuì.

Non seppi mentirle. La incoraggiai con miagolii affettuosi, ma io stesso avevo bisogno di coraggio. La bicicletta si fermò. Una voce umana dal timbro giovane chiese: – Dove stai andando? –.

– Vado a sperdere due gattini – rispose il bambino che già conoscevo.

– E perché, poverini? –.

– Sai la mamma... –.

– Ma non è una bell'azione! –.

– Abbiamo cercato di regalarli, ma nessuno li vuole. Le mamme soprattutto. Per i soliti motivi: dicono che sporcano e portano malattie. Invece basta educarli e sono bestie pulitissime. D'altra parte, la mia mamma non può tenere in casa tutti i figli di Gigina. Ne abbiamo tenuto uno, quello tutto nero, ma gli altri due... –.

– Fammeli vedere –.

– Se ti piacciono ne prendi uno? –.

– Anche mia madre sai... come le altre –.

La borsa si aprì e due occhi verdi-dorati, un poco simili a quelli di mia madre, frugarono dentro, con lo sguardo.

– Mi piace quello bianco e nero –.

Per un momento fui deluso ma subito dopo mi rallegrai per mia sorella. Col pelo tutto arruffato dalla paura, faceva tenerezza. La mano del bambino cercò di prenderla ma la gattina graffiò e, con velocità sorprendente, balzò fuori dalla sporta e fuggì. Fu uno sbaglio.

–Torna indietro, torna indietro... – miagolai a gran voce.

Ma era troppo spaventata per ascoltarmi. I ragazzi la cercarono per un poco, poi si ricordarono di me. Me ne ero rimasto fermo e buono nella borsa. Pensavo: "A scappare sono sempre in tempo".

– Sta a vedere che se n'è andato anche lui –.

– Invece no, eccolo qui. Deve essere morto di paura, poverino –.

– Non sono morto di paura – miagolai – spero soltanto di piacerti un poco –.

– Forse è meno furbo dell'altro – mi offese Marco. Così si chiamava il mio ex padroncino. Oltretutto non capiva che, invece di aiutarmi, mi danneggiava.

Se avessi avuto il dono della parola, gli avrei detto... Niente gli avrei detto, preoccupato com'ero di fare buona impressione sull'altro ragazzo.

– Fammelo vedere per bene – disse Occhi-verdi-dorati.

Lasciai che mi prendesse fra le mani.

– Come trema... –.

Non volevo che mi considerasse un pauroso, allora raccolsi tutto il mio coraggio e ronfai piano, così come mi aveva insegnato mia madre.

– Lo senti? Fa le fusa, vuol dire che gli sono simpatico –.

Ero riuscito a farglielo capire, anche senza parole.

Commentò: – Peccato che abbia un colore sbiadito... –.

Gli umani in questo caso arrossiscono, ci fossi riuscito anch'io, avrei per lo meno ravvivato il mio colore.

Il ragazzo seguitò: –... però ha gli occhi azzurri –.

– C'è di buono che è un maschio – puntualizzò Marco – quella che è scappata è una femmina. Almeno non ti si riempirà la casa di gattini come è successo in casa mia con Gigina. Per questo, le mamme non vogliono le femmine –.

– Quasi quasi me lo tengo... Tanto la mamma e il babbo sono sempre fuori casa, se lo nascondo, nemmeno se ne accorgono –.

– Nella peggiore delle ipotesi, puoi sempre riportarlo qua, dov'è scappata sua sorella –.

– Non ne sarei mai capace: è così piccolo e timido... –.

Occhi-verdi-dorati, nel percorso verso casa, mi nascose sotto il maglione. Contro di me, nel ritmo emozionato, sentivo pulsare un cuore di cucciolo, ansioso quanto il mio. Credo che gli volli bene fin da quel momento.

Camminando, il bambino mi parlava, come se avesse percepito che potevo capirlo.

– Scommetto che non ha più paura. Ci stai bene, al calduccio, vero? A casa ti trovo un nascondiglio, poi si vedrà –.

Il suono della sua voce, trepido e affettuoso, mi tranquillizzava e consolava del mio allontanarmi da mia madre. Il benessere, nel tepore sotto il maglione, mi conciliò il sonno.

Mi svegliai in un ambiente nuovo. Un letto a castello, una libreria, un tavolino, due sedie, molti colori alle pareti, ciò che avrei osservato in seguito, appena mi fossi ambientato.

Guardavo incuriosito, senza sospetti. Quando mi mise dentro una cassapanca ne fui disorientato, ma ancora non mi ero reso conto che intendeva lasciarmi là dentro.

Mi spiegò: – Stai buono, non agitarti. Ti lascio una fessura perché non ti manchi l'aria. Sta per ritornare Marilena. Sai, è mia sorella. Prima che ti veda, voglio convincerla ad aiutarmi. Se ci aiuta lei, possiamo stare tranquilli: la mamma quasi sicuramente mi darà il permesso di tenerti .

Di tutto quel lungo discorso afferrai poco. Ero spaventato. Capivo di aver perduto per sempre i baci umidi e raspanti della mia mamma e il calore della sua pelliccia. Il bambino uscì dalla stanza e chiuse la porta. Mi sentii perduto.

Invidiai mia sorella, che correva libera per i campi, poi mi vergognai e provai rimorso. Più tardi, udii voci giovani e allegre e scalpiccio di passi. Poco dopo, ci fu rumore di stoviglie e mi raggiunse l'odore del cibo. Da diverse ore non mangiavo e avevo sete. Mi allungai verso lo spiraglio di luce che veniva dall'alto.

– Ehiii, ci sono anch'io – miagolai, con tutto il fiato che riuscii a racimolare.

La voce squillante di Marilena esclamò: – Mi è sembrato di sentire un gatto –.

– Magari sarà "gatto Silvestro" – scherzò la voce di Occhi-verdi-dorati.

– Non so se sia gatto Silvestro, ma certo ho sentito miagolare –.

– Il miagolio sarà venuto dall'appartamento vicino –.

– Molto strano che abbiano preso un gatto... visto che hanno i canarini e un pappagallo! –.

Ma come..! Il bambino già si era dimenticato di me? Miagolai di nuovo disperatamente e la porta della stanza si aprì.

– Il miagolio veniva proprio di qua –.

– Ma no, ti sbagli! –.

Era così, dunque, che voleva convincerla, mentendo? Ero davvero demoralizzato. La ragazzina sollevò il coperchio della cassapanca e mi trovò.

– Ecco il gatto! Ne ero sicura. Com'è piccolo... –.

Mi ritrassi nell'angolo più distante. La ragazzina, curva su di me, mi guardava. Non sapevo davvero che cosa aspettarmi da quegli occhi neri, troppo diversi da quelli della mia razza, che mi fissavano con disapprovazione.

– Lo hai portato a casa tu e lo negavi, che bugiardo. E poi, nasconderlo dentro una cassapanca, dico, un gatto. Non è mica un sasso! –.

– Stavano per essere abbandonati... erano due. Il più bellino è scappato, però è una femmina e le mamme non vogliono le gatte femmine. Questo invece è un maschio...

e poi è affettuoso... socievole... appena l'ho preso, ha subito fatto le fusa... –.

Mai sentito un discorso più sconclusionato!

Domandò: – Ti sembra brutto? –.

– No. Perché brutto? È molto carino, anzi. Ma vedi, la mamma non dà importanza al fatto che il micio sia bellino o bruttino –.

Mi prese fra le mani. Tentai di nuovo la strategia delle fusa.

– Vedi, fa subito amicizia – intervenne il fratello – Peccato che sia sbiadito, non ti pare? –.

Rimpiansi di non avere le macchie bianche e nere di mia sorella.

La ragazzina mi sorprese: – Semmai tra il beige e il rosa. Un colore raro per un gatto, mi sembra. Ha il pelo folto e soffice. Deve essere un incrocio fra un soriano e un persiano –.

Provai un'immensa gratitudine per la fiducia in me stesso che mi restituiva. Nelle ultime ore, mi ero sentito misero e inadeguato e anche brutto.

– Come lo chiameresti? –.

– Mah... inutile trovargli un nome, difficilmente la mamma ci permetterà di tenerlo –.

– Ma se glielo chiedi tu... Se le dici che pulisci tu... –.

– Proprio perché toccherebbe a me, sono incerta. I cuccioli hanno bisogno di cure, proprio come i bambini.

Anche se... crescono più alla svelta. Ma... finché non hanno imparato, sporcano per terra –.

Il fratello la interruppe: – Lo chiameresti Socrate? –.

– Come ti è venuto un nome così serio per un gatto "rosato". Sembra una nuvoletta soffice. Nuvola, lo chiamerei –.

Rabbrividii di raccapriccio e mi si drizzò il pelo sulla coda.

– Bisognerebbe che il nome piacesse anche al gatto –.

– Per il momento chiamiamolo semplicemente Muci, poi si vedrà –.

Ecco un ragionamento sensato. Capii che mi avevano adottato. Poco dopo, bevvi con avidità il latte tiepido in una ciotola, allungato con l'acqua perché Marilena lo riteneva così meno indigesto. Invece, scartai accuratamente i pezzetti di pane che vi erano inzuppati. Sono un gatto che detesta i farinacei e questo era uno dei tanti motivi per cui, dall'altra casa, mi avevano sacrificato. Con i nuovi ragazzi, invece, sarei rimasto. Marilena avrebbe convinto sua madre, alla quale dopotutto, visto che di me non si sarebbe mai occupata, sarei stato di poco peso.

III

AMICI, MAI PADRONI

Mi trovai bene. Imparai che il bambino si chiamava Francesco, ma a me piacque, nei momenti di tenerezza, seguitare a chiamarlo Occhi-verdi-dorati. Aveva dieci anni. Marilena ne aveva quattordici, era quasi una donna. Nella nuova casa imparai a guardarmi intorno e capii che i mie benefattori non erano ricchi, anzi di condizioni abbastanza modeste. L'appartamento era piccolo e l'unica fonte di calore, in inverno, era una stufa a legna che riscaldava soltanto la stanza di soggiorno. E la mia cesta era stata collocata proprio là, dove anche i ragazzi trascorrevano la maggior parte del pomeriggio. La mia cassetta con la segatura fu messa sul balcone che, dal quinto piano, si affacciava su un grande cortile. Imparai subito ad usare cassetta e segatura perché volli evitare a Marilena quella mansione sgradevole. Imparai poi a esplicare certe funzioni fuori di casa, quando Francesco mi portava in giardino. E il ragazzo lo faceva tutti i giorni, di ritorno da scuola. Nelle belle giornate, mi portava fino al prato vicino che si espandeva verso i campi, in

quella zona periferica della città. Mi piaceva sgranchir-
mi le zampe, respirare all'aria aperta e avrei apprezzato
quell'opportunità, anche di più, diventando adulto.

Tentai le prime esplorazioni sotto lo sguardo vigile
del mio Occhi-verdi-dorati. A volte sciupava la mia felicità, affermando agli amici, convinto di lodarmi: – È
intelligente quanto un cane –.

Marilena rincasava da scuola un'ora dopo. Francesco
aveva già riattizzato il fuoco e messo, sul fornello a gas,
la pentola con l'acqua per la pasta. Se, per disgrazia, nella mattina, il fuoco nella stufa si era spento, diventava
un'impresa complicata per il ragazzo. Rischiavamo di
morire affumicati. Per la verità, ci salvava Marilena che,
invece, era abilissima. Io l'aspettavo dietro la porta che
dava sulle scale. Riconoscevo i suoi passi, se ritardava
stavo in ansia. L'accoglievo, ronfando a tutto volume. Le
accarezzavo le gambe a modo mio, girandole intorno e
dandole zuccatine. Si chinava su di me, mi prendeva fra
le braccia e mi baciava sulla testa: – Muci mio d'oro –.

Io andavo in estasi e, nel tono della sua voce, percepi-
vo l'affetto sincero e l'esatta misura della felicità di vi-
verle accanto.

Qualcuno dice che i gatti non siano capaci di affetto.
Niente di più ingiusto o sbagliato. Invece i gatti "scelgo-
no" la persona da amare e deve valere molto. Mi consideravo un gatto fortunato perché avevo due umani da
amare.

I genitori dei "miei" ragazzi si alzavano verso le sei. Dalla mia cesta li osservavo a occhi socchiusi, fingendo di dormire. Facevano colazione, scambiavano qualche parola sottovoce, più o meno gli stessi argomenti ogni mattina. Uscivano, lasciando a letto i figli che dormivano. Sarebbero rientrati soltanto la sera col buio.

Non mi muovevo fino a quando non sentivo i loro passi in fondo alla prima rampa di scale. Allora sbadigliavo e mi stiracchiavo. Ottima abitudine che consiglio anche agli umani. Saltavo fuori dalla cesta e andavo a raspare alla porta dei ragazzi. Francesco scendeva dal letto e veniva ad aprirmi. Un rituale che si rinnovava ogni giorno. Tentavo di imitare il linguaggio umano per dire loro "buongiorno", ma la mia voce fragile e diversa si spezzava. Crescendo sarei riuscito a emettere un "miao" molto simile a "ciao". I ragazzi avrebbero gratificato il mio orgoglio, avvertendo la sfumatura diversa fra i due suoni.

Marilena dormiva al piano superiore del letto a castello e scendeva da una scaletta laterale. Per prima cosa, spalancava la finestra e vi assicuro che, essendo inverno, era poco piacevole, dal momento che fuori c'era la neve e la casa era poco riscaldata. Mentre rifaceva i letti, imponendo a Francesco di aiutarla, ronfavo e camminavo di sghimbescio contro le gambe del letto.

Mi dicevano "scostati" ma mi allungavano qualche carezza sempre molto gradita. Sapevo che si rammaricavano di dover lasciarmi solo a casa. Sapevo che Francesco, se avesse potuto, mi avrebbe portato a scuola con sé. A me rincresceva vederli andare via ma, nella certezza che sarebbero tornati, non mi preoccupavo troppo. Mettevano in casa la cassetta con la segatura che di solito stava sul terrazzo. Io, però, avrei cercato di resistere fino al loro ritorno, per risparmiare quel fastidio a Marilena.

Restato solo, trovavo modo di non annoiarmi, salivo sulla parte più alta della credenza e di lassù, attraverso i vetri della finestra del quinto piano, potevo osservare indisturbato il traffico per strada. Biciclette, motorini, qualche rara auto e qualche frettoloso passante. A volte, mi capitava di assistere a qualche scivolone sul marciapiede reso viscido dalla brina ghiacciata. Lo trovavo molto divertente.

Dicono che durante il giorno un gatto veda poco, lo dicono gli uomini. Per la verità, ne dicono tante sui gatti. Qualcuno dice che la nostra pupilla, alla luce del giorno, si restringa al punto da renderci quasi ciechi. Io posso affermare che guardare dalla finestra, la mattina, era uno dei miei passatempi preferiti.

Con lo sguardo, di lassù, seguivo i miei ragazzi quando si avviavano a scuola. Riconoscevo il lattaio e il giornalaio che mi avevano qualche volta accarezzato, quando Francesco mi portava fuori. Osservavo i corteggiatori della cagnolina che abitava nella casa di fronte: una tale civettona!

Le ore alla finestra trascorrevano abbastanza in fretta ma, certo, molto più intensi erano i pomeriggi, in compagnia dei miei ragazzi. La giornata, con loro, mi sarebbe sembrata calda e luminosa anche in inverno, con temperatura sotto zero.

Mi vergogno a dirlo ma il mio pasto giornaliero di carne o pesce non mancava mai. I ragazzi rinunciavano a qualsiasi capriccio, perfino alla merenda, che non era un capriccio, pur di non privarmi di qualche delizioso bocconcino. Gustavo i pezzetti di cuore o fegato, o scarti di carne, o pescetti freschi per frittura e provavo rimorso per quella stomachevole pasta condita con olio o con burro delle loro scodelle. A volte, peggio, quei miei ragazzi mettevano in tavola del minestrone dall'odore nauseabondo. Mi dava il voltastomaco al solo tentativo di offrirmelo.

Sono orgoglioso e mi vanto di avere avuto antenati selvatici e carnivori e posso affermarne di averne ereditato le caratteristiche. Invece, i miei ragazzi, non tutti i giorni, mangiavano carne o pesce, qualche volta, un uovo, o formaggio, o mortadella. Ecco, il formaggio e la mortadella, li gradivo anch'io.

Il momento più bello era quando, dopo pranzo, scendevo in cortile con Francesco.

Unico inconveniente erano i suoi amici che mi si facevano intorno per osservarmi come una bestia rara. Facevano commenti, cercavano di stabilire la mia origine. A sei mesi, avevo già l'aspetto di un gatto adulto, anche se la timidezza ancora non me ne dava l'autorità.

– È più grande e robusto di un gatto normale –.

– Ha il pelo lungo e folto –.

– Somiglia a una tigre –.

– Una tigre per modo di dire, con quel colore quasi rosato e gli occhi azzurri – replicava un invidioso.

La curiosità di quei ragazzi era un vero tormento ma non osavo ancora allontanarmi da Francesco che, con la sua presenza, mi proteggeva da eventuali pericoli.

Nelle ore di studio, i miei amici se ne stavano nella stanza riscaldata. Spesso succedeva che, per le materie orali, si disturbassero a vicenda. Di solito, si sacrificava Marilena che se ne andava in cucina. Ci crediate o no, preferivo seguire lei, piuttosto che starmene al caldo. Io stesso non capisco: ritenevo di prediligere Francesco e invece, molte volte, ero combattuto nella scelta fra i due. In quel caso, quindi, preferivo Marilena, forse perché mi teneva sulle ginocchia a riscaldarla.

– Sei meglio di una borsa di acqua calda – mi diceva.

Ne ero orgoglioso. Soprattutto gradivo molto che, studiando, mi accarezzasse la testa, grattandola dolcemente, come ad accompagnare il ritmo delle proprie parole mentre studiava a voce alta.

Facevo le fusa e, in un certo senso, ricambiavo le carezze. Alternavo contro di lei la pressione dei miei polpastrelli. Estraevo e ritiravo le unghie con precauzione, per non tirarle i fili del vestito, ricordando che, per quel motivo, a volte mi aveva sgridato.

L'ascoltavo e riuscivo a imparare qualcosa anch'io, ma il più delle volte, sonnecchiavo, preso da una sorta di beato benessere. A volte, mi chiedeva di salirle sulle spalle. O lo facevo spontaneamente. Mi disponevo come una sciarpa.

"Una sciarpa da regina" commentava Marilena. Vi pare poco?

I due fratelli si volevano bene. C'era fra loro un'intesa quasi perfetta ma... accadeva che a volte bisticciassero, del resto, come tutti i fratelli.

Ci fu un pomeriggio che un litigio ebbe conseguenze gravi.

– Se, per domani, non hai compiti da fare a casa, vuol dire che sei fortunato. Ma stattene tranquillo. Oppure vai in cortile e porta con te Muci. Insomma, fammi studiare in pace, domani devo essere interrogata –.

Marilena era proprio esasperata perché pareva che Francesco avesse il diavolo in corpo. Rendeva nervoso anche me. Tirava calci a un pallone con grande fracasso e metteva a rischio anche le suppellettili intorno.

– Fuori fa troppo freddo e in cortile non c'è nessuno –.

– Allora leggi un libro. Ti fa bene, visto che sei scarsissimo in italiano –.

– Non ne ho voglia –.

– Allora vai a giocare in un'altra stanza –.

– Sto bene qui al caldo –.

– Vuoi che io vada a studiare al freddo? –.

Seguitarono su questo tono e, intanto, Marilena non era riuscita a leggere nemmeno una pagina del suo libro di storia. Francesco, per farle dispetto, ma fingendo noncuranza, cominciò a tirare la palla nella sua direzione e spesso la colpiva. Qualche pallonata dovetti scansarla anch'io.

Marilena perse la pazienza.

– Se non finisci, butto la palla giù dal terrazzo –.

Francesco seguitò e Marilena finse di mettere in atto la sua minaccia. Si sporse dal balcone, ma in realtà lascio cadere la palla, all'interno. Insomma, fece credere di averla gettata di sotto.

– Adesso vai in cortile a riprenderla –.

– Non sono scemo: ho visto che hai fatto solo "le finte" –.

Uscì sul terrazzo. Marilena chiuse la porta finestra, ma non girò la chiave. Però... finse di farlo. Sarebbe bastato abbassare la maniglia per aprire, ma Francesco non lo sapeva e non ci provò.

– Rinfrescati le idee –.

Il tono della ragazzina, piuttosto alterato, questa volta, sembrò convincente. Avevo seguito Francesco e riconobbi che il freddo, fuori, era davvero insopportabile. D'altra parte, capivo Marilena. Non sempre si può essere comprensivi e concilianti, oltretutto, a essere perfetti, si diventa antipatici. Miagolai per informarla che, fuori al freddo, c'ero anch'io, non che avessi la presunzione di essere più importante del fratello. Francesco era così agitato che mi spinse indietro con un piede, non proprio un calcio, ma quasi. C'è da domandarsi che cosa gli fosse capitato nella mattinata per renderlo così indisponente. Fu un attimo. Sferrò un pugno contro il vetro che, reso ancora più fragile dallo strato di ghiaccio che gli si era formato sopra, andò in frantumi.

Quando Marilena vide sprizzare il sangue dal polso di Francesco, si spaventò. E anch'io.

Aprì subito e tirò dentro il fratello. Pallidissima, tentò di tamponare la ferita. Tagliò una striscia da un vecchio lenzuolo e la usò come legaccio a monte della lacerazione, in modo da fermare la circolazione sanguigna.

Francesco era pallido e tremava. Era terrorizzato.

– Si è tagliata un'arteria, adesso morirò –.

– Ti porto subito al Pronto Soccorso –.

– Come mi ci porti? Ci saranno tre chilometri... –.

– Se mi metto a cercare un telefono o una macchina, perdo tempo prezioso... Ti porto in bicicletta, dall'ospedale qualcuno avvertirà la mamma –.

– Arriverò dissanguato... – esalò Francesco.

Non aveva torto, nell'ipotesi di un'arteria recisa. Nel dirlo, cosciente o meno, provava il gusto della rivincita, spaventando la sorella. Uscirono e io rimasi solo in casa. Saltai disperatamente da una sedia all'altra, dal tavolo alla credenza. Piangevo a modo mio, con lunghi lamenti angosciati. Passarono due ore, prima che Marilena ritornasse.

Mi prese in braccio. Nascose il viso contro di me e pianse da spezzarmi il cuore. Sentivo il pelo inumidirsi per le sue lacrime, ma non osavo muovermi. La sua sofferenza mi entrava dentro, diventava mia. Immaginavo il peggio.

– È colpa mia... colpa mia... – singhiozzava Marilena. Altri glielo avrebbero ricordato per tutta la vita, in molteplici occasioni.

– Francesco deve essere operato: ha due tendini recisi... Non si sa se potrà riavere l'uso della mano... Se solo io fossi stata più paziente... –. Mi parlava e si confidava come se io fossi stato un essere umano.

– Hai visto quanto è stato dispettoso... Era così nervoso... Tu hai visto ma non potrai mai raccontarlo... –.

Ero mortificassimo per i miei limiti. Però, contrariamente al genere umano, potevo usare il "fusometro", magari a sproposito, ma lo feci al massimo del volume.

Mai, come in quel momento, mi rincrebbe di essere un gatto, cioè un gatto senza un linguaggio comprensibile agli umani. Mi concentrai nell'intento di trasmetterle i miei pensieri.

Nei giorni seguenti, Francesco mi mancò molto. Amavo quei due ragazzi in misura uguale e non potevo concepire la presenza dell'una senza quella dell'altro. Mi dava ansia il timore che non avrei più rivisto il mio caro Occhi-verdi-dorati.

Inoltre, Marilena aveva perso il sorriso che a me piaceva tanto e aveva spesso gli occhi arrossati. Con tutto il suo da fare, non aveva il tempo di portarmi fuori ed ero costretto a servirmi di quell'odiosa cassetta con la segatura. Poi Francesco tornò a casa e fu un giorno felice. Però dovevano passare mesi, prima che riprendesse l'uso della mano sinistra, mai completamente.

IV

IL GATTO MENELIK

I miei amici, ciascuno in modo diverso, ebbero un ruo-
lo importante nella mia vita. Francesco fu il mio compagno di giochi. Marilena, in certo senso, prese il posto
di mia madre, per lo meno la sostituì finché non fui un
gatto adulto. Certamente lo fece con i difetti della razza
umana. Nessuna gatta sarebbe stata tanto apprensiva e
protettiva, così a lungo intendo.

Pensate che, da solo, uscii per la prima volta a sette
mesi e dovetti farlo furtivamente come un ladro. Ero ancora ingenuo e timido, ma adulto, per lo meno nell'a-
spetto. Non per niente i ragazzi del cortile mi chiama-
vano "tigre" perché ero di dimensioni superiori alla norma. In poche parole, senza falsa modestia, vi confermo
che ho sempre avuto un fisico eccezionale.

Quando trovai la porta di casa socchiusa, non mi lasciai sfuggire l'occasione e me ne andai per i fatti miei.
Così scoprii quanto sia meraviglioso sentirsi liberi. Capii
anche che i gatti possono avere amici e qualche raro affetto, padroni mai.

In quella mia prima giornata di libertà, mi allontanai poco ma mi levai alcune soddisfazioni. Visitai le cantine: tante stanzette tutte uguali che si aprivano su di un lungo corridoio, dove Francesco non mi permetteva di andare. Pare vi fossero trappole per topi e, può sembrare ridicolo, anche una zampa di gatto può finirci dentro e restare ferita. La curiosità è uno dei pochi difetti che mi riconosco e probabilmente è comune ai miei simili e... non è detto che sia un difetto. Non trovai le trappole o fui così fortunato da non metterci una zampa sopra, ma... incontrai il primo topo della mia vita. Che bestiola divertente, un vero giocattolo! Mi ci divertii per mezz'ora buona, mentre il topo squittiva e mi implorava, dimostrandosi poco socievole, maleducato e incivile.

Cercai di convincerlo: – Perché ti agiti, voglio solo giocare! –.

– So bene che cosa intendi per gioco, la mamma me lo ha detto – piagnucolò.

– Non so che cosa vuoi dire: buon per te che hai ancora una madre... Fammi capire, spiegati meglio, è il mio primo giorno di libertà, ho tanto da imparare... –.

Il topo continuava a dimenarsi, a squittire sgradevolmente, mi rese nervoso. Per farlo tacere, gli menai un'energica zampata, lo mordicchiai e si fermò. Mi dispiacque, ma che cosa potevo farci? Dopotutto lo aveva voluto lui. Miagolai per darmi un contegno e camminai a ritroso, strusciando contro il muro. Con mia sorpresa, mi rispose un altro flebile miagolio.

Mi diressi da quella parte e finii in un stanzetta identica alla precedente. Sopra un cartone steso per terra, c'era quello che doveva essere stato un bel gatto. Era grigio, col pelo tutto stazzonato, aveva un enorme testone e la mandibola storta. Gli mancava un orecchio e gli occhi gli si intravedevano fra le palpebre tumefatte. Ma, soprattutto, mi impressionò la vista del suo corpo quasi completamente appiattito. Mi sembrò una pelliccia priva di ossa e di interiora, più che magro... vuoto! La pelliccia che, nel respiro, gli si sollevava debolmente e lo guardo che filtrava a malapena, mi rassicurarono che era vivo. Appena miagolò, ne ebbi conferma ma, più che un saluto, fu un rimprovero.

– Finalmente qualcuno si ricorda di me –.

– A dire la verità, come avrei potuto ricordarti se non ti conosco? –.

– Come ti chiami? – chiese.

– Muci –.

– Nome banale –.

– Ho altri due nomi – mi ricordai – Socrate e Nuvola –.

– Io mi chiamo Menelik. Vivo in questo quartiere da otto anni –.

– E ti piace chiamarti Menelik? – lo ricambiai.

– Sì. Era il nome di un imperatore etiope. Anch'io,

fino a pochi giorni fa, ero un re. Adesso sono ridotto così male che perfino i topi vengono a rubarmi il cibo –.

Ciò che Menelik chiamava cibo era una nauseabonda zuppa di pane e non so che altro.

– Come mai sei in questo stato? –.

– Sono stato investito mentre attraversavo la strada. Brutto colpo, credimi. Sono stato urtato dal parafango di un autocarro. Mi ha sbalzato a cinque metri di distanza. Ma non è stato il mio primo incidente, meglio sarebbe chiamarlo "accidente" –.

Strada, auto... il terrore di Marinella per Francesco e per me.

– Investito da un autocarro non sei morto? –.

– Non sai che i gatti hanno nove vite? È un detto popolare, ma sai, si dice "voce di popolo, voce di Dio". Avevo già vissuto otto vite, ho temuto di non poter vivere l'ultima. In ogni caso, mi considero fortunato: i più le sprecano, o ne vivono una sola, io posso dire di aver vissuto da vero gatto, rispettato da tutti. Troppi di noi dimenticano di avere origini illustri –.

Mi vantai: – I ragazzi del cortile mi chiamano tigre –.

– Tigre? Così pulito e roseo devi avere certamente dei padroni che ti hanno rammollito –.

– Non ho padroni, ho due amici. Mi ospitano nella loro casa e dividono il cibo con me –.

– Bene, bene... Non aver padroni vuol dire essere liberi, ma essere liberi vuole anche dire non dipendere da altri. Il cibo, per esempio, te lo procuri da solo o provvedono loro? Mi sono nutrito per anni di topi e lucertole e deliziosi uccellini di nido... sono un cacciatore, io! –.

Osservai dubbioso il miscuglio nella ciotola. Colse al volo la mia occhiata.

– Mio caro, imparerai che, in caso di necessità, bisogna adattarsi, se si vuole sopravvivere –.

Allora, mi chiesi, era libero sempre, o mi stava spiegando che qualche volta è necessario dipendere?

– Non mi adatterò mai – proclamai orgoglioso.

– Stai cercando di dire che hai sangue nobile nelle vene? I tuoi antenati devono essere stati quella specie di soprammobili preziosi che gli egiziani consideravano divinità –.

Non avrei immaginato tanta esibizione di cultura da parte di un mio simile, ero sbalordito.

Seguitò: – O preferisci credere d'essere un discendente di un ferocissimo gatto selvatico? A guardarti ne dubito. Non mi sembri un cacciatore abile –.

– Non ho ancora avuto l'occasione... –.

– Ti offro io una buona opportunità, soltanto perché, nelle condizioni in cui mi trovo, non posso approfittarne. Ascoltami bene. Prima dell'incidente, tenevo d'occhio un nido di passerotti su un ligustro, in un giardino qui vicino. La femmina covava cinque uova, dovrebbero essersi schiuse da più di una settimana. Se non ne approfitti, quelli prendono il volo! –.

– E perché dovrei, dopotutto non ho fame... – tergiversai. Mi rimordeva ancora la coscienza per il topo, figuriamoci!

– L'ho capito subito che sei un rammollito, basta guardati per capirlo. Con tutto quel pelo che ti ritrovi, devi essere figlio di un "persiano", uno di quei gatti insulsi che si contentano di essere solo belli e passano la loro vita a farsi spazzolare e profumare – mi offese Menelik.

Mi mancavano gli argomenti per controbattere. Provavo molto rispetto per l'età più anziana e poi per l'esperienza che mi stava dimostrando.

– Inoltre hai gli occhi azzurri... Scommetto che sei sordo –.

– Non direi, visto che ti rispondo –.

– Però, mi sentiresti meglio se i tuoi occhi avessero un altro colore. Riesci a sentirmi bene perché ti aiuti con i baffi. Lo sapevi che sono per noi meglio di un radar? In quanto a udito vero e proprio, devi averne pochino –.

Menelik era davvero "in zampa". Capitemi, non posso dire "in gamba" così come mi sarebbe venuto spontaneo, vivendo fra gli uomini. Credo, però, che quel vecchio gatto desse troppo ascolto a certe storie sbagliate, o esagerazioni, che gli uomini raccontano di noi. Pur così orgoglioso della propria razza, esibiva una sbalorditiva cultura più umana che felina. Io me ne stavo in deferente ammirazione.

– Ne sai di cose, chi te le insegna? –.

– Sono notizie tramandate di padre in figlio. Ho origini nobili anch'io, ma preferisco che non si sappia in giro. Sono un proletario, ora –.

– Io non ho mai conosciuto mio padre. E mia madre l'ho perduta di vista prima che ci fosse il tempo di scambiare due miagolii –.

– Capisco. Ma non devi rammaricarti troppo. In fondo, sei stato fortunato: molti di noi finiscono nel canale, appena venuti al mondo. Se verrai a tenermi compagnia, ti insegnerò tutto quello che so, a patto che mi dimostri che sei un vero gatto. Sai cosa intendo –.

Promisi. Per la prima volta in vita mia, andai a caccia e fu anche la prima volta che mentii. Trovai il nido con i suoi ospiti. Me ne stetti ad osservarli senza fare loro del male. Ero impressionato dagli striduli versi della loro madre che cercava di distogliere la mia attenzione. A Menelik, più tardi, raccontai tutto il contrario, leccandomi le labbra come se ancora assaporassi la tenera carne dei passerottini.

V

PRIME ESPERIENZE

Frequentando Menelik che lentamente si ristabiliva, bazzicavo gli scantinati polverosi, a caccia di topi che cedevo al mio amico perché sapeva apprezzarli.

I gatti sono bestie pulite, dovrebbero saperlo tutti. Ma ammetto che a volte si sporcano e molto. Arrampicandomi sugli alberi e frugando nei fossi, constatai che impossibile colore fosse il mio che da beige rosato si faceva grigio al minimo contatto con la polvere. In ogni caso, il nostro istinto ci porta a voler mantenerci puliti. Per chi non lo sapesse, ogni pelo della nostra pelliccia è sensibilissimo e ha un suo nervetto che raggiunge il bulbo pilifero. Se i peli si ammazzettano e si sporcano fino al incollarsi, valgono quanto punture d'ago, dolorose e insopportabili. Ecco perché certe carezze maldestre contro pelo ci innervosiscono tanto. Alla pulizia della nostra pelliccia, provvediamo personalmente e con meticolosità. La lingua raspa e spazza via la sporcizia e, nello stesso tempo, lava e liscia. Dove non arriviamo con la lingua, ci serviamo delle zampe inumidite di saliva ma, questo, lo sanno tutti coloro che ci osservano.

Marilena, evidentemente, pur essendo il mio tesoro, o non mi osservava o non lo ricordava. O il suo amore per l'igiene, una vera mania, superava l'affetto per me. Ne ebbi conferma un giorno che considero uno dei più infelici della mia vita.

Marilena esclamò: – Come sei ridotto male, Mucetto! –.

Mi scansò e, poiché quel suo comportamento era insolito, ne soffrii.

– Ma dove ti sei rotolato, sporcaccione?! –.

Domanda e insieme rimprovero. Drizzai i baffi. Per la verità, dietro consiglio di Menelik, m'ero rotolato in un cespuglio d'erba dei gatti (nepeta cataria). Come fa supporre il suo nome, quell'erba portentosa ha su noi gatti un effetto inebriante. Se altri miei simili mi avevano preceduto, sporcando la pianta per segnare il territorio, ne avevo colpa io?

– Guai se salti sui mobili o mi vieni in braccio – sentenziò Marilena. Chiamò a testimone Francesco. Il ragazzo mi prese per la collottola con precauzione, tenendomi a debita distanza, un gesto per me molto umiliante. Seguì la sorella nel bagno.

Qui subii la mortificazione peggiore che potessi aspettarmi: mi lavarono. Mentre Francesco mi reggeva in posizione verticale, Marilena m'insaponava. Strapazzava e contorceva i miei poveri peli, così che mi pareva di avere mille aghi conficcati nella pelle. Dolorante e inebetito, fui poi frizionato con un telo di spugna, ma il supplizio non era ancora finito. Marilena mi puntò contro uno strumento infernale e, mentre i peli mi si drizzavano dal terrore, da quell'ordigno usciva aria calda.

Quel traditore di Francesco seguitava a tenermi fermo. Avrei potuto liberarmi con un morso e una zampata, con le unghie sfoderate s'intende, ma non lo feci, un poco per affetto, molto per la paura che mi paralizzava.

– Mi pare che non sia troppo soddisfatto – constatò Francesco, con un intuito piuttosto tardivo – I gatti, sai, odiano l'acqua –.

E allora, tenerissimo Occhi-verdi-dorati perché non mi hai difeso?

– Se odia l'acqua, starà attento a non sporcarsi. O almeno trovi un modo di ripulirsi, non so come, quanto basta per ritornare a casa con un aspetto decente –.

Ho affermato che Marilena aveva sostituito mia madre? In quel momento la ripudiai. Nessuna mamma gatta mi avrebbe umiliato tanto.

Come se avesse percepito i miei pensieri, spense l'aggeggio infernale e mi portò ad asciugarmi al sole che, dalla finestra in camera dei ragazzi, illuminava un rettangolo sul pavimento.

Avevo la pelliccia morbida, soffice e profumata, come quella di una gattina di razza pregiata. Non osai uscire di casa per un giorno intero. Pretesi però di uscire di notte, come era mio diritto. Irremovibile dietro la porta, miagolai finché non mi aprirono. Ma di notte, si sa, potevo sfuggire alla curiosità degli uomini, non dei miei simili. Dopo una certa riflessione, decisi che sarebbe stato preferibile affrontare Menelik prima che prendesse l'iniziativa di fare dell'ironia.

– Mai mi sarei aspettato un torto simile dai miei amici – esordii.

–Vedi, caro, tu li chiami "i miei amici", loro si considerano invece "i tuoi padroni" –.

Menelik batteva sempre su quel tasto, spero per sincera amicizia piuttosto che per invidia.

– Non posso dimenticare che mi hanno accolto, mentre qualcun altro mi abbandonava – miagolai.

– Un caso, un puro caso... L'uomo è il nostro nemico peggiore. Ci ha insultato e perseguitato sempre –.

Si lisciò i baffi, pensieroso.

–Vedi, Socrate – Menelik preferiva chiamarmi Socrate – tu sei giovane e quindi anche ignorante. Però sai di certo che i gattini appena nati, spesso vengono eliminati senza alcuna pietà, soffocati o annegati. Senza rimorso. Cosa che più difficilmente accade ai cuccioli di cane.

Questo ti dice in quale conto gli uomini tengano i gatti. I ragazzi poi... Ad un mio amico legarono dei barattoli alla coda, per pura malvagità. Corse per ore, inseguito dal frastuono dei barattoli e dalle grida di scherno dei suoi aguzzini. Restò con la mente sconvolta –.

– È orribile, ma non si possono condannare tutti i ragazzi per alcuni che sono stati cattivi –.

Mi guardava sornione.

– Allora facciamo un salto indietro nel tempo. Nel Medioevo mettevano i gatti in una gabbia di ferro che appendevano sopra un rogo. Li arrostivano vivi. Inventavano che, in ogni gatto, si nascondesse una strega posseduta dal demonio. Sai perché si era messi in mente una simile enormità? Te lo racconto. Una povera donna, ritenuta strega, era stata imprigionata. Quando i carcerieri andarono ad aprire la cella per condurla al rogo, al posto della "strega" trovarono un gatto. Qualcuno aveva aiutato la poveretta a fuggire e s'era beffato dei suoi contemporanei. I carcerieri credettero che la donna si fosse trasformata in un gatto e bruciarono il malcapitato, sul rogo destinato a lei. Ora dimmi: gli uomini ci accusano spesso di poco affetto e fedeltà. Che cosa potrebbero pretendere da noi? Diffidenza, solo diffidenza... –.

Azzardai: – Mi pare di avere capito che sul rogo, in quel tempo lontano, finivano anche esseri umani... Non so invece capire che cosa sia il Medioevo –.

– Un'epoca. Un periodo tenebroso della storia dal 476 al 1472, conclusasi cinque secoli fa –.

– Cinque secoli?! Non vorrei contrariarti, Menelik, ma ne è passato di tempo! –.

– Credi forse che i sentimenti umani cambino col tempo e con la cosiddetta civiltà? Se tu non fossi venuto a lamentarti dei tuoi "amici", non ti avrei parlato del Medioevo. Se l'ho fatto, è stato per incoraggiarti a lasciarli perdere, non vale la pena soffrire per loro. Scegli la libertà. Vivrai bene anche senza di loro e con rischio minore –.

– Non posso Menelik: quei ragazzi hanno bisogno della mia amicizia e compagnia. Non mi sento di deluderli e nemmeno di rinunciare a loro –.

– Sei irrecuperabile, amico mio. Hai gli stessi abominevoli difetti, frutto di illusioni, di un cane –.

Mi offesi, un insulto così grave non potevo tollerarlo. Drizzai il pelo, inarcai la schiena e miagolai a tutta gola: – Vecchio, presuntuoso e saccente, la tua è solo invidia, non hai mai avuto amici fra gli umani! –.

– Non prendertela, ho esagerato. Non posso permettermi di condannarti proprio io, con i miei precedenti. Ti ho mai parlato di mia madre? –.

Scossi la testa e abbassai il pelo, il tono diverso di Menelik meritava attenzione.

– Mia madre era una brava gatta, tutta cuccioli e cuccia, morta giovane per le troppe gravidanze. Lasciava la cuccia si può dire tre volte all'anno ed era per programmare un'altra cucciolata. Nacqui con altri tre più sfortunati di me. Furono portati via, appena nati e puoi immaginare il motivo. Al loro posto, non potresti mai indovinare, venne il cuccioletto appena nato di un cane. Credi che mia madre rifiutasse di allattarlo? No. Lo accolse con tanto affetto e lo allevò con tanta cura che spesso fui geloso di lui. Mi vergogno a dirlo, guai a te se lo racconti in giro, giocai con lui e diventammo amici. Se mi confido con te è perché ti stimo e ricordare mi fa bene. Avresti mai detto che ho un cane per fratello di latte? Giurami che manterrai il segreto –.

Giurai. Gli chiesi: – Che fine ha fatto tuo fratello cane? –. Provavo grande curiosità.

– Vecchio, bavoso e più malandato di me. Ogni tanto viene a trovarmi e facciamo due chiacchiere. Temo che il latte di gatta non gli abbia portato troppa fortuna. Ha cambiato tre padroni. Gli ultimi, ora che è vecchio, temono che sia malato e contagioso. Non permettono ai bambini di avvicinarlo. È triste invecchiare, amico mio –.

VI

LA MIA PRIMA VITA

L'estate era esplosa inattesa, dopo un inverno che si era protratto fino a maggio, rubando giorni alla primavera. Avevo perso l'appetito e pensavo fosse a causa del caldo. Mi sentivo sempre più svogliato. Nel frattempo, Marilena seguitava ad andare a scuola perché aveva gli esami di licenza media, invece Francesco era già in vacanza.

Avevo perso gusto a uscire di casa, a incontrarmi con Menelik ormai ristabilito, né mi attirava la sua promessa di presentarmi qualche gattina di sua conoscenza. Menelik, anche se piuttosto... maturo e deturpato dalle molte cicatrici, continuava ad avere molto successo con le gatte. Forse per la sua cultura ed esperienza di vita o perché sapeva incantarle con i suoi convincenti miagolii e la sua irruente passionalità. Io non ero ancora stato innamorato, non ne provavo l'esigenza o il desiderio, troppo giovane ancora per pensare all'amore, tantomeno al sesso.

Una mattina, faticai ad alzarmi sulle zampe e ad uscire dalla cesta per andare a svegliare i ragazzi. Avevo la testa pesante e le articolazioni rotte. Un dolore lancinante mi partiva dalle orecchie e penetrava fino al cervello. A malapena riuscivo ad aprire gli occhi. Tentai di miagolare, ma avevo la mandibola inchiodata, così che non uscì alcun suono. Se fossi riuscito a costruire un pensiero, sarebbe stato: "Caro mio, sei spacciato. Non so che cosa ti sia capitato, ma certamente sei vicino a morire".

Francesco venne da me deluso per il mancato rituale del saluto mattutino. Mi toccò, mi scosse, si mise a gridare spaventato.

– Marilena corri! Muci sta male –.

Marilena era già pronta per uscire, preoccupata per i suoi esami, incurante di ogni altra cosa. Però subito si fece attenta.

– Povero Muci... Da qualche giorno mi era sembrato cambiato. Ho notato che non è più voluto uscire da casa, abbastanza strano. Ha le labbra e il naso completamente asciutti, direi secchi. Forse ha la febbre... –.

Occhi-verdi-dorati si agitò: – Ha un testone enorme, possibile che sia gonfio? Il colore del pelo si è ingrigito, sembra sporco, tutto ammazzettato... –.

Marilena osservò le mie orecchie da cui fuoriusciva una secrezione nerastra, simile a fuliggine. Disse: – Può darsi che abbia l'otite... Ci vorrebbe un veterinario... Ma dove lo troviamo adesso un veterinario? Senti Francesco, non posso più trattenermi, è già tardi. Non posso rischiare di arrivare in ritardo allo scritto di matematica e giocarmi l'esame. Vai alla cabina telefonica e cerca qualche indirizzo, o chiedi al negozio di alimentari sotto casa... Telefona tu, se te la senti, per chiedere consiglio... Altrimenti lo farò io appena torno... –.

Era affannata e guardava l'orologio. Quando uscì, sentii che correva per le scale, saltando più scalini alla volta.

Occhi-verdi-dorati rimase accovacciato accanto alla mia cesta. Non osava accarezzarmi, piangeva, dunque un cucciolo d'uomo può piangere per un gatto!

– Muci, ti prego, non morire, non lasciarmi! – ripeteva il ragazzo.

Oltre al male fisico, provavo compassione per quel mio "amico" che amavo più di quanto avrei potuto amare qualsiasi altro essere vivente, gatto o no.

Lui si asciugò gli occhi col rovescio della manica e tirò su col naso, ma si rialzò con piglio deciso.

Disse: – Vado a telefonare. Ritorno presto non aver paura –.

Dava sempre per scontato che io potessi capirlo, come, infatti, lo capivo.

Rimasto solo, attraverso gli occhi chiusi, credevo di vedere palloncini colorati che mi danzavano intorno. Poi mi entravano, uno alla volta, nel cervello e scoppiavano con grande fragore. Uno dei palloncini prese la forma di una testa di gatto, quella di Menelik, per essere esatti. La sua bocca storta miagolava con tono sornione e compassionevole.

"Hai consumato la tua prima vita, Socrate, amico mio"

"Allora me ne restano altre otto, Menelik... Sei sicuro che non le abbia sprecate tutte?"

"Non so, Socrate, credi che possa predire il futuro, io? Sono un vecchio gatto qualsiasi".

"Vorrei tanto vivere, Menelik. Occhi-verdi-dorati piangerebbe fino a consumarsi gli occhi, se morissi".

"Non esagerare, non è il momento di fare il presuntuoso. Ti dimenticherebbe, stai tranquillo, nel giro di pochi giorni".

"Sei odioso, Menelik".

"Sono sincero, Socrate".

Francesco ritornò e lo sentii muoversi alla ricerca di qualcosa, apriva e chiudeva cassetti. Sentii un rumore di cocci rotti. Avrei saputo dopo che aveva rotto il salvadanaio e raccolto il contenuto dentro un fazzoletto. Tornò da me e mi avvolse in un suo vecchio golf di lana e mi mise dentro una borsa.

Avevo, dentro gli occhi, farfalle e cavallette che mi beffavano: "Prendici, prendici... buono a nulla!"

Mi ritrovai sul tavolo del veterinario, ma non ero in me. Vivevo un incubo. Le voci mi arrivavano come da una grande lontananza. Forse ero già morto?

La diagnosi fu: mastoidite. In parole povere, un'otite

che si era aggravata diffondendosi nelle parti vicine.

"Morirà, dottore?"

– Non è facile curarlo. Ci vorrebbe una clinica veterinaria che qui a Ravenna non c'è. Forse un intervento chirurgico... È un bene che la secrezione purulenta abbia preso la strada verso l'esterno, così è scongiurato il pericolo di una meningite, almeno spero. Ha la febbre molto alta. Ti do le medicine e ti spiego come usarle. Sono campioni gratuiti, te li regalo –.

– Ho i soldi... della visita – disse Francesco, tirando fuori il suo fagotto di monete, di certo insufficiente per la parcella del veterinario.

– No, non preoccuparti. Sono stato un ragazzo anch'io, che cosa credi? Una volta che si ammalò il mio cane, quasi ci impazzii. Fu allora che decisi di fare il veterinario –.

Gli spiegò come curare il gatto. Le orecchie dovevano essere pulite con olio di mandorle, utilizzando bastoncini nettaorecchie, tre volte al giorno. Dopo la pulizia, bisognava introdurre due gocce del farmaco nel condotto uditivo, in modo che scivolassero bene in fondo. Poi far ingoiare al gatto le compresse sulfamidiche, preventivamente pestate.

Il veterinario scoraggiò Francesco: – Ti avverto che è molto difficile fargliele inghiottire. Ha le mascelle immobilizzate e, in più, il sapore della compressa è sgradevolissimo. Anche la pulitura delle orecchie è complicata: dolorosa per il gatto e pericolosa per chi lo accudisce. Bisogna essere in due. Una persona lo tiene fermo e l'altra lo medica –.

– Mi aiuterà mia sorella. Adesso è a scuola perché ha gli esami. Altrimenti mi avrebbe accompagnato –.

– E i tuoi genitori? –.

– Lavorano tutto il giorno, quando tornano la sera sono stanchi, non parliamo mai del gatto. Il gatto è mio e di mia sorella, ce lo fanno tenere perché lo curiamo noi. Se sanno che è malato, hanno paura del contagio e, di certo, non ce lo lasciano curare –.

L'uomo si distrasse, preso da altri pensieri e impegni.

Precisò: – Mi dispiace che non potrai darmi notizie del tuo gatto perché parto stasera. Mi hai trovato per caso. Vado in Africa a curare bestie feroci... –.

Francesco non prestò molta attenzione alle parole del veterinario che, in altra circostanza, avrebbe suscitato la sua curiosità. La sua attenzione era su di me. Tutto il resto gli era indifferente.

– Quante probabilità gli dà, dottore? –.

– Una su cento, forse una su mille, mi dispiace –.

Nel mio torpore doloroso, pensai che non c'era bisogno del parere di un medico per stabilire che stavo per morire. Sentivo già la morte addosso.

Ma Occhi-verdi-dorati, con l'ostinazione dei suoi dieci anni, sperava ancora.

Marilena ritrovò il fratello così come lo aveva lasciato, quasi che non si fosse mai mosso, accovacciato a terra, vicino alla mia cesta.

– Il veterinario ha detto che è grave, ha detto che... morirà senza le cure giuste. Se non mi aiuti tu... non riuscirò a curarlo –.

– Si può curare? Ha detto che si può? –.

Anche lei si era accovacciata e sentivo il suo respiro ansioso sfiorarmi la pelliccia trasformata in aghi conficcati nella pelle.

– Sì, è possibile – precisò Francesco.

Esagerava in ottimismo, proprio per incoraggiare la sorella a tentare l'impossibile. Le mostrò le medicine e le spiegò come usarle. Dimenticarono la loro colazione e si dedicarono a me totalmente. Nel mio deliquio semicosciente, sentii scivolarmi, fra i denti che si ostinavano a restare serrati, una pappetta semiliquida, un veleno. Lo stomaco mi si contrasse, lo rifiutò, rigurgitandolo fuori in una schiuma giallastra.

– È impossibile fargli prendere qualsiasi cosa per bocca, non accetta il cibo figuriamoci una medicina disgustosa. Inutile riprovare, vomiterebbe di nuovo –.

Francesco si mise a piangere, il mio caro amico Occhi-verdi-dorati.

– Puliscigli almeno le orecchie e metti le gocce – supplicò.

– Mi manca il coraggio... –.

– Hai paura che ti graffi? –.

– Non quel coraggio, ho paura di farlo soffrire inutilmente –.

Poi decise di tentare, per calmare il fratello. Sdraiato sulle ginocchia di Marilena, anzi penzolante come uno straccio, mentre Francesco mi sosteneva, sopportai le torture che mi inflissero. Capivo che era per il mio bene e, in ogni caso, non avrei avuto la forza di reagire. Mugolavo di dolore, mi era impossibile miagolare per via delle mascelle inchiodate. Il mio lamento aveva un suono lugubre, sembrava l'ululato di un cane. Al ricordo, in seguito, me ne sarei vergognato.

Fu inutile medicarmi per ben tre volte e tentare ancora due volte a farmi ingoiare il sulfamidico.

Il padre dei ragazzi si era degnato di venire a vedermi, sentenziando che non si poteva farmi soffrire così. C'era solo una pietosa soluzione, lui aveva un amico che avrebbe provveduto.

Per fortuna, Marilena non aveva gli orali il giorno dopo e, praticamente, fra lei e Francesco, si diedero il cambio a sorvegliarmi.

– Se per bocca è impossibile curare l'infezione... –.

A Marilena venne un'idea geniale. Si era ricordata di certe iniezioni di penicillina che il dottore aveva ordinato al padre per una tonsillite. Ne era rimasto un flaconcino nel cassetto delle medicine...

Era il tempo in cui la penicillina, recente scoperta, andava di moda in Italia, come segno di evoluzione e distinzione, oltre che di farmaco ad ampio spettro. Il padre dei ragazzi, che era stato in America, ne era un consumatore disinvolto, bastava un raffreddore e, ricetta o non ricetta, ne acquistava una scorta.

Subii quella nuova prova, ma anche per i ragazzi fu un'esperienza sconvolgente. Marilena aveva letto da qualche parte come si praticano le iniezioni a cani e gatti, quindi sollevò la pelle dalla... carcassa del mio corpo semischeletrito dopo giorni di digiuno, e infilò l'ago sotto la pelle. Anche se immobilizzato da Francesco e quasi moribondo, mi contorsi in uno spasimo convulso.

Francesco esalò: – Ho creduto di svenire... –.

– Speriamo che serva... – mormorò Marilena con una vocina tremante.

Mi addormentai spossato o persi conoscenza, non lo so.

Quando mi risvegliai, i ragazzi erano fuori e la casa era silenziosa. Mi sentivo debole e come una pelliccia vuota, così come avevo visto Menelik quando lo avevo conosciuto. Ma la mia testa era libera dalla morsa che l'aveva inchiodata per giorni. Provai a miagolare e ci riuscii: il mio stomaco chiedeva cibo. I ragazzi avevano messo, per giorni, del cibo fresco nella mia ciotola, in un'altra dell'acqua, anche se non ero stato in condizioni di bere. Uscii dalla cesta e bevvi. Le zampe mi reggevano a malapena, ma raggiunsi la stanza dei ragazzi. Il mio rettangolo di sole, quanto mi era mancato! Mi sdraiai e sospirai di gratitudine: benvenuta mia seconda vita. Non ero certo che la penicillina fosse stata più efficace della volontà e l'amore dei miei amici... Sonnecchiai.

Mi svegliai sentendo le voci dei ragazzi che rincasavano. Tremai di emozione, ma non trovai la forza di andare loro incontro. Mi raggiunse il grido di Francesco:

– Oddio, Muci non c'è... Forse il babbo... –.

Poi li ebbi avanti, pallidi e sbalorditi, subito raggianti. Raccolsi quel poco di recuperata energia e miagolai: – Ciaaaoooo... –.

E ronfai piano, estraendo e ritraendo le unghie.

VII

MENELIK E LA GATTE

Nella lunga convalescenza, fui legato ai ragazzi da sentimenti di amore e fedeltà assoluti, insoliti per un gatto – poco onorevoli secondo l'opinione di Menelik – ma per me incontenibili. E, poi, perché avrei dovuto rifiutarli dal momento che anche i miei amici dimostravano di volermi bene?

Seguivo Francesco come la sua ombra, in cortile nei suoi giochi, pago di godermi il sole su un muretto. Controllato dal suo sguardo protettivo, recuperavo le forze rapidamente. Francesco ammoniva i compagni che mi si avvicinavano.

– È convalescente, lasciatelo in pace –.

Menelik venne a trovarmi con fare circospetto.

– Sei stato ammalato? – miagolò.

– Malato grave. Ho consumato la mia prima vita e poteva essere l'ultima –.

Gli raccontai la mia terribile esperienza.

– Davvero, Socrate, sei un gatto fortunato. Devo convenire che quei ragazzi sono esseri umani d'eccezione.

E sono fortunato anch'io che ti ritrovo vivo dopo aver rischiato di perderti. Gli amici mi diventato sempre più rari ora che invecchio –. Menelik seguitò tristemente:
– Sai... di recente ho avuto un lutto. Ti ho raccontato di quel mio "fratello" cane, finito sotto un'auto? Ho il sospetto che si sia suicidato... Soffriva troppo nel vedersi scacciato da tutti. Inoltre era diventato totalmente sordo e stava perdendo la vista... –.

– Forse, povero cane, è stavo investito dall'auto a causa delle sordità e della cecità... Ma tu, amico mio, come stai? –.

Lo vedevo ingrigito e invecchiato.

– Non mi lamento, adesso sto bene. Sono anche innamorato di una gattina giovane, molto appetitosa. C'è poi una sua amica che sembra fatta proprio per te. Scommetto che non hai ancora fatto l'esperienza... –.

– Menelik, sei incorreggibile –.

Non mi reggevo ancora sulle zampe, che cosa pretendeva! Era invecchiato ma il suo obiettivo preferito erano ancora le gatte.

Qualche giorno dopo, mi avrebbe presentato la sua innamorata, veramente deliziosa: grassottella, vivacissima e una pelliccia di tre colori, bianco, arancione e nero. Gli esseri umani non possono capire i gusti di noi gatti. L'amica, invece, era nera con macchie bianche e aveva occhi verdi, timidissimi e spauriti: mia sorella. La riconobbi e fui felice di saperla viva. Mi raccontò di essere stata accolta in casa di una vecchia signora che viveva sola.

– Ha le sue manie ma, a modo suo, mi vuole bene. Mi pulisce le zampe prima di farmi entrare in casa, mi spazzola ogni giorno e mi disinfetta, mi nutre con cibi in scatola vitaminizzati... In compenso, mi permette di dormire ai piedi del suo letto. Russa, ma non si può pretendere troppo dalla vita. Per fortuna, mi lascia uscire quando glielo chiedo, sempre per motivi igienici. Ho conosciuto, così, dei simpatici amici che mi hanno insegnato a nutrirmi di altro, oltre che dei cibi in scatola –.

Fu deluso Menelik di sentirmi soltanto miagolare, senza alcun'altra iniziativa. Noi gatti, infatti, non abbiamo le regole degli uomini e la consanguineità non è un limite nel rapporto fra i due sessi. Ciò nonostante, la commozione di aver ritrovato mia sorella mi riempì talmente il cuore da escludere altro. E, poi, evidentemente, ero ancora troppo giovane o la malattia aveva assopito l'istinto o, senza rendermene conto, vivere insieme ai miei amici che erano fratello e sorella, mi aveva in parte condizionato.

Mai, come in quel periodo, i ragazzi mi fotografarono. Preferivano farlo nel rettangolo di sole della loro camera. Da principio, diffidai di quella scatola nera che, con un grosso occhio, mi fissava, poi capii che era completamente innocua. Mi si chiedeva soltanto di alzare lo sguardo quando veniva fatto il mio nome. Avvertivo un "clic" e Francesco esclamava: – Bellissimo! –. E tornavo a sonnecchiare. La macchina fotografica era da pochi soldi, a fuoco fisso, eppure ne uscirono delle buone fotografie. Ero il soggetto preferito dei ragazzi e bisogna capirli, date le mie singolari doti di fotogenia.

Furono settimane dolci e tranquille, senza emozioni, vissute placidamente nella più completa pigrizia, senza desideri né programmi. I ragazzi erano in vacanza dalla scuola e non mi abbandonavano mai. Quando anche i genitori ebbero le ferie, purtroppo, le nostre abitudini furono rivoluzionate. Tutti dovrebbero sapere quanto noi gatti amiamo le nostre abitudini. Furono aboliti i silenzi nei pomeriggi afosi, quando fuori il sole accecava e, in casa, con le tapparelle abbassate, c'era una confortevole penombra. Ci furono molte discussioni fra marito e moglie. Ebbi certi sospetti che, in qualche modo, avrei voluto manifestare a Marilena e Francesco.

– Si tratta della mia salute – diceva l'uomo – il clima umido della Romagna è una rovina per i miei reumatismi, del resto anche tu ti lamenti sempre di essere piena di dolori –.

– E va bene – gridava lei – hai avuto il trasferimento, ma io no! Dovrei lasciare il lavoro per seguirti e quindi perdere lo stipendio... già viviamo male –.

– Troverai un altro lavoro –.

– Sai benissimo che "giù" mancano le industrie. E, anche per i ragazzi, sarebbe difficile lasciare la scuola e gli amici... –.

– Ci sono anche in Sicilia, le scuole. E, inoltre, Marilena può anche smettere di andare a scuola –.

– Ma che dici! Lei vuole seguitare. Riesce così bene! –.

– Ne sa abbastanza. Per una donna è più che sufficiente. E poi una donna in casa ci vuole: bisogna risparmiare sulle spese –.

– Avresti dovuto parlarne prima con i ragazzi, non sono così piccoli da tenerli fuori... Avresti dovuto parlarne prima con me... Invece per te io conto meno di un mobile della casa –.

– Volevo farvi una sorpresa, ecco tutto –.

Bella sorpresa, pensai disgustato. Li ascoltavo dal mio angolo, fingendo di dormire, preoccupato. Mi consolava che la mamma dei ragazzi fosse contraria a lasciare il lavoro, speravo che non si facesse convincere. Tuttavia, dubitavo che arrivasse al punto di dividere la famiglia.

Ne parlai con Menelik. Continuavo ad avere molta fiducia nella sua saggezza.

– Si trattasse di una famiglia di gatti, il problema non sorgerebbe, trattandosi invece di uomini, diventa una faccenda complicata. I cuccioli di gatta se ne vanno per il mondo appena svezzati, quelli degli uomini hanno bisogno dei genitori fino all'età adulta. La gatta, se i figli se ne vanno, si dà subito pace, anzi si sente sollevata, la donna no. Sembra anche che la donna debba seguire il marito là dove lui crede di andare. Pare lo stabiliscano la loro legge e la loro religione. Noi gatti non abbiamo legge o religione –.

– Significa che la donna, Menelik, è un poco come il cane col padrone? –.

– No, è diverso. Gli uomini hanno le complicazioni di amore, di dovere, soprattutto verso i figli. E, in questo caso, sarebbero danneggiati proprio i figli. Non credo che i tuoi amici lascerebbero volentieri la Romagna per la Sicilia –.

– E perché no? I ragazzi sono curiosi e amano l'avventura. In questo forse c'è somiglianza con noi felini, almeno alcuni. Forse saranno contenti di cambiare ambiente. Sento che se ne andranno –.

– Se ho ben capito hai miagolato "se ne andranno", quindi li lasci andare e tu resti qua –.

– Ho miagolato senza riflettere. Ma non credo che intendano portarmi con loro, nemmeno vorrei. Soffrirò per la mancanza dei miei amici, non certo per quella dei loro genitori che, per me, sono perfetti estranei. Non sarà facile fare il gatto randagio, dopo essere vissuto nella comodità. D'altra parte fra i due mali... –.

– Non ti so dare torto. Al tuo posto non avrei esitazioni,

poi sono vecchio e non saprei ambientarmi. Mi risulta anche che le gatte siciliane siano talmente riservate e schive... E, inoltre, miagolano in maniere incomprensibile per noi. I loro gatti, poi, sono intrattabili e gelosi, bisognerebbe combattere di continuo. Sarà campanilismo, che vuoi, alle gatte siciliane preferisco quelle romagnole –.

– Qualunque appiglio per te è buono per parlare di gatte – sbottai.

E non capivo i suoi commenti sulle gatte siciliane, dal momento che non le aveva mai avvicinate. Mi bloccò: – No, aspetta. Voglio dirti che puoi contare su di me. In cantina, un posto per dormire lo trovi di sicuro e i topi non mancano, quindi non morirai di fame –.

Mi allontanai demoralizzato.

VIII

ADDIO ROMAGNA

Marilena piangeva. Le giravo intorno strusciandomi contro le sue gambe. Le davo zuccatine senza riuscire a consolarla. Osservavo Francesco che, seduto al tavolo, tracciava segni senza senso, a casaccio, sopra un foglio. Ascoltava, aggrondato, le parole della sorella.

– Non possiamo lasciarlo andare da solo, questo è certo. Non piango, sai, per il solo fatto di lasciare la Romagna... È per la scuola. Sai come la pensa nostro padre: le donne a casa, intorno ai fornelli –.

– Neanche in Sicilia, al suo paese, pensano così – commentò il mio dolce Occhi-verdi-dorati che, in quel momento difficile, aveva cambiato in grigio il colore dei suoi occhi. E seguitò: – È una questione di soldi, non di pensiero. Io posso anche rassegnarmi a tutto, ma senza Muci non mi muovo. *Lui* – il babbo – deve capirlo. Su questo punto non mi arrendo. Faccio lo sciopero della fame, se non capisce –.

Sussultai, non sapevo se rallegrarmi o disperarmi. Ero più preoccupato che commosso. Come poteva farsi valere, quel cucciolo d'uomo, mio amico?

Invece, non so come, gli fu facile. Non ci fu bisogno di discutere o di pregare o fare digiuni di protesta. Quell'uomo coglieva al volo l'occasione per mostrarsi comprensivo e generoso e neutralizzare ogni tentativo di protesta.

– Il gatto è come una persona di famiglia – sentenziò – Chi ha mai pensato di abbandonarlo? –.

E, se non si poteva abbandonare un gatto, tantomeno si poteva rifiutare di seguire un padre.

Costruirono una gabbia di legno. La guardavo senza rendermi conto che era predisposta per me. Lo avessi capito, sarei stato ancora in tempo per una fuga strategica, nascondendomi in cantina con la complicità di Menelik. Mi ritrovai ingabbiato, annichilito dall'oltraggio. Guardavo i visi noti attraverso le stecche e speravo in uno scherzo.

Francesco disse: – Il rumore del treno lo spaventerà. Ho letto da qualche parte che bisognerebbe chiudergli le orecchie con un cerotto –.

– Povera bestiola, non ti sembra abbastanza martirizzata? – protestò Marilena.

– Come farà a resistere senza cibo né acqua? –.

Il padre dei ragazzi, minimizzò: – Fino a Roma, il vagone merci starà attaccato al treno. Gli porteremo da bere. Per dodici ore di viaggio resisterà, è una bestia robusta, già ve lo ha dimostrato superando la malattia –.

Mi sentii perduto, disperato, capii quanto sia preziosa la libertà. Nemmeno il tempo di salutare Menelik. Mi avesse visto chiuso in gabbia, avrebbe sogghignato sotto i baffi con disprezzo e con la sua solita ironia. Sarei morto di vergogna. Messo alla berlina, ingabbiato come i gatti medioevali. Addio Menelik, amico mio, non ti vedrò mai più.

Finii in un vagone buio del treno, fra altre casse, come un oggetto inanimato. Quando il treno partì, ebbi il primo sobbalzo, poi la gabbia sarebbe stata sbatacchiata di continuo. Il rumore divenne atroce. Peggio di mille barattoli legati alla coda.

"Impazzirò certamente" mi ripetevo.

I ragazzi vennero da me, poco dopo la partenza. Fino a Roma non mi abbandonarono, alternandosi, viaggiarono in piedi. Mi passarono, attraverso le stecche della gabbia, un bicchiere di carta con l'acqua che al primo scossone si rovesciò. Del resto, come avrei potuto bere? Ero terrorizzato e il cuore mi batteva in gola. Francesco mi parlava teneramente, certo per rassicurarmi, ma, in quel frastuono, non avvertivo il senso delle sue parole, nemmeno mi interessava di capire. Mi sentivo tradito, non mi fidavo più di lui.

A Roma ci divisero. Allora mi resi conto di quanto fosse stata consolante la sua compagnia. Imparai anche che ci si rende conto del valore degli affetti soltanto quando li abbiamo perduti.

"Menelik, gatto sapiente, non ti dimenticherò".

Pur di non lasciarlo e correre con lui nei campi, mi sarei adattato a cacciare uccellini, avrei accettato perfino i suoi insulti per la mia goffaggine, avrei rincorso gatte e staccato la coda alle lucertole. Meritavo il suo disprezzo. Immaginai che l'avanzare del treno scandisse i suoi miagolii: "Gatto schiavo, gatto servo... Gatto servo, gatto schiavo...".

Come Dio volle, quel dannato rumore cessò. Sentii voci estranee, alcuni uomini stavano scaricando il vagone senza troppa delicatezza. Mi fecero fare un volo e la gabbia di legno, scaraventata pesantemente a terra, si schiodò. Ero intontito dal colpo, ma ugualmente mi sentii un uccello a quattro zampe, quindi pensai che fosse arrivato il momento di prendere il volo. E volai via con il pelo ritto e la coda battagliera. Avevo un solo pensiero: "Torno a casa da Menelik". A raggiungere i ragazzi, nemmeno ci pensai. Dubitavo di loro, non mi fidavo più. Altro che amici, Menelik aveva ragione, credevano di essere i miei "padroni". Io, come "padroni", non li amavo.

In breve, mi resi conto che, col mare di mezzo, sarebbe stato impossibile raggiungere Menelik. Era la prima volta che vedevo il mare, una distesa d'acqua spaventosamente grande, immensa. Per me, orribile. Lo vidi e indietreggiai fino a nascondermi fra scatole di cartone e rifiuti vari. Trovai un topo che fuggì appena mi vide. Gli miagolai, ma la voce mi uscì roca: – Amico mio, quale strada devo prendere per tornare in Romagna? –.

Il topo fu tanto sorpreso che si fermò. Nessun gatto gli aveva miagolato amichevolmente, prima d'allora, senza zompargli addosso.

– Non so di cosa parli, gatto forestiero – squittì con un'intonazione stranissima.

Girovagai come un'anima in pena, senza trovare una via d'uscita. Continuavo a sentire le sirene delle navi in partenza e in arrivo, i rumori e le voci del porto, quindi giravo a vuoto senza allontanarmene. Grazie al cielo, trovai un fontanella d'acqua non salata e bevvi. Il liquido fresco mi scese per la gola, mi diede sollievo, mi restituì la vita, capii che mi era indispensabile più che il cibo. Miagolai di gratitudine e mi uscì un gorgoglìo afono, avevo perso la voce. Senza averne coscienza dovevo aver miagolato molto là sul quel maledetto treno, chiedendo l'aiuto che non era arrivato. Alla fine trovai un posticino tranquillo dove nascondermi. Riflettevo che sarebbe stato più prudente muovermi di notte, con buona vista mia e cattiva degli uomini che forse mi stavano cercando. Stremato dalle emozioni e dalla stanchezza di due giorni, mi addormentai. Ero talmente sfinito che, cosa rarissima, chiusi entrambi gli occhi, mentre invece i gatti, di solito, stanno sempre all'erta e dormono con un occhio solo o li tengono socchiusi entrambi. Il sonno decise della mia sorte. Gli uomini del porto mi ritrovarono e, inerme, mi imprigionarono di nuovo.

– Grazie al Cielo, lo avete ritrovato... Quando ho detto ai miei figli che era stato smarrito... da come singhiozzavano, pareva che gli fosse morto il padre. Anzi, giuro che per me non si sarebbero disperati tanto! –.

Era una voce nota, ma mi giungeva estranea. Ero intorpidito fisicamente e mentalmente. Avevo sete, fame, rabbia e perfino odio.

– È stato ritrovato, ma non so in quali condizioni. Non mi fiderei troppo ad aprirgli la gabbia: sembra rabbioso –.

– Hai passato momenti brutti, eh, Muci? – chiese la voce nota e nello stesso tempo estranea. Mi si era prosciugata la gola e mi bruciava. Feci il mio primo viaggio in autobus. Attraverso le stecche della gabbia, intravidi la città sconosciuta, dagli odori diversi, mai annusati. Poi ci fu una nuova casa, altri odori. Le voci note e amate dei ragazzi. Mi ero proposto vendette, avevo pensato di poter amarli di meno, ma il cuore mi si sciolse di commozione a risentirli.

– Muci, Muci d'oro! – rideva e piangeva Occhi-verdi-dorati.

Caro amico mio, unico. E anche Marilena che, qualche volta in passato, m'era parsa saccente e autoritaria, adesso piangeva e rideva e mi parlava attraverso le stecche di legno.

– Muci mio bello, quanto devi aver sofferto... Hai il naso secco e sbucciato, le labbra screpolate... devi aver patito la sete, forse hai la febbre... –.

Pensai che, se a Marilena fosse stato concesso di studiare, avrebbe avuto una notevole inclinazione per la medicina.

– Adesso gli apro la gabbia, tenetevi lontani ragazzi: può essere pericoloso – decise il padre dei ragazzi.

– Gli preparo una tazza di latte fresco, così lo disseta e lo nutre insieme – disse Marilena

– Meglio l'acqua, poi gli troviamo qualcosa di più appetitoso – suggerì Francesco.

La gabbia fu schiodata. I ragazzi mi osservavano ansiosi e trepidanti. Avrei voluto miagolare per rassicurarli con quel suono che sembrava "ciao", ma non avevo voce. Al contrario, avrei voluto mettere in atto propositi bellicosi contro l'uomo che era il loro padre, ma adoravo quei ragazzi e forse, se avessi ferito il padre, li avrei perduti. L'acqua era pronta in una ciotola per terra e la mia sete grande. Però la ignorai, saltai con fatica sopra una sedia e poi sul tavolo. Desideravo altro di diverso e più urgente.

– State attenti – avvertì l'uomo.

Tentai nuovamente un miagolio, avrei voluto spiegare loro i miei sentimenti.

71

– Ha solo bisogno di trovarsi fra amici – spiegò Marilena che mi aveva capito. Disubbidendo a suo padre, mi accarezzò. Allora diedi zuccatine a quella mano e, pur avendo la lingua secca, con l'umiltà di una cane, la leccai.

– Rabbioso, dicevi? Anche se lo fosse stato, a noi non avrebbe fatto del male: ci vuole bene! – esultò Francesco. Strofinò il suo viso contro il mio muso, in barba ad ogni norma igienica inventata dagli uomini.

– Ora che ci siamo salutati, devi bere e mangiare – disse il mio Occhi-verdi-dorati. Gli saltai sulle spalle, lo avvolsi in una sorta di abbraccio, riuscii perfino a fare le fusa, nonostante la gola secca. Ero felice e avevo perfino dimenticato la sete e la fame.

IX

LA SICILIA E LA GATTA LIA

La nuova casa somigliava più a un accampamento di zingari che a una vera casa. Per lo meno così affermava la mamma dei ragazzi. I mobili stavano ammucchiati in due piccole stanze; i servizi igienici erano in abitacoli abusivi, fuori casa. Sul terrazzo c'era uno sgabuzzino che fungeva da cucina. Il terrazzo era esposto a mezzogiorno, chiuso in parte con materiale di plastica o simile. Chi ci stava a cucinare, soprattutto quando picchiava il sole, si cuoceva meglio del cibo sui fornelli. Chi cucinava era la madre dei ragazzi. Nel giro di un mese dimagrì molto e si fece verde in faccia, irriconoscibile. Visto che gli uomini hanno una vita sola, al suo posto mi sarei preoccupato molto. Piangeva spesso e, una volta, non me lo sarei mai aspettato, mi prese sulle ginocchia, dimostrandomi quel tipo di attenzione affettuosa mai avuta nei miei confronti. Mentre mi accarezzava, mi piovvero lacrime sulla pelliccia. Provai un grande disagio perché non c'era confidenza fra noi. Mi divincolai e andai a nascondermi sotto un letto.

Mi trovai a riflettere sulla sua "malattia". Non aveva trovato lavoro, era costretta a starsene sempre in casa, tormentandosi perché i soldi del marito non bastavano a sfamare i figli. Era argomento di frequenti discussioni fra i due coniugi. In quel periodo, mi offrirono spesso gli avanzi di tavola, perfino i disgustosi farinacei. Preferii saltare i pasti piuttosto che nutrirmi di quelle che consideravo "porcherie". Mi adattai a cacciare lucertole e topi, a cibarmene. Anch'io dimagrii.

Marilena, attraverso un annuncio economico, trovò un impiego di dattilografa. Fortunata lei che almeno riuscì a levarsi dall'atmosfera opprimente di quella casa. Stava fuori molte ore al giorno e perfino questo era motivo di apprensione per la madre.

Vedere Marilena andare via di casa la mattina, ritornate all'ora di pranzo, il tempo di un boccone e ripartire subito dopo, dava anche a me un'ansia grande, quasi temessi di non vederla ritornare. Negli ultimi tempi si era trasformata: aveva l'aspetto di una donna. Sembrava più matura della sua età ed era molto graziosa. Fosse stata una gatta, avrebbe avuto certamente dietro un branco di gatti miagolanti e in lotta fra loro.

Anche Francesco era cambiato, se non troppo di aspetto, di carattere. Era diventato taciturno e accanito lettore di giornalini a fumetti. Passava ore seduto sul terrazzo, con la testa piegata su quei blocchetti di carta colorata e pretendeva che mi accoccolassi accanto a lui.

Con la mano sinistra reggeva il giornalino e, con la destra, mi grattava la testa. Le prime volte mi assoggettai di buon grado, mi sembrò piacevole. In seguito, se accennava al gesto di prendere la seggiola e la pila dei fumetti da portare sul terrazzo, me la davo a zampe.

Se l'aria della casa mi pesava, quella dei dintorni invece mi offriva prospettive allettanti.

La casa si trovava sulla circonvallazione, nella parte più alta della città. Dal terrazzo, saltavo facilmente sui tetti delle altre case. Da quelli, sugli alberi che mi portavano, di balzo in balzo, in un aranceto. Il profumo della zagara mi mandava in estasi e mi inebriava molto di più di una qualsiasi erba gatta. Avrei voluto che Menelik, mio indimenticabile amico, potesse annusare quella fragranza insieme a me. Quell'immenso giardino mi appariva come un luogo di delizie. Fossi un uomo, direi che mi sembrava un paradiso terrestre.

In quel giardino, mi innamorai per la prima volta. Lia, gattina siciliana, mi apparve fra i rami fioriti della zagara.

Ricordai quanto Menelik mi aveva detto della ritrosia della gatte siciliane, quindi mi imposi il massimo rispetto. Abbozzai un leggero timido miagolio di ammirazione che si poteva sentire e non sentire. Con mia grande sorpresa, Lia mi balzò incontro.

– Amore mio bello – miagolò – sei tornato finalmente –.

Ero esterrefatto, ma risolsi che era meglio tacere. Accettai le sue espansioni, la sua esuberanza, il suo calore. Che temperamento!

Sul più bello delle nostre effusioni, un miagolio rabbioso mi fece sobbalzare. Lia si ritrasse terrorizzata, lamentandosi.

– Misera me – mischina iu, chi fici – che ho fatto! –.

Inframmezzava miagolii di uso nostro comune con altri suoni, per me quasi incomprensibili. Li traducevo a senso.

Ebbi un'altra sconvolgente sorpresa. Il gatto che mi affrontava a coda ritta era... la mia stessa immagine, come se stessi specchiandomi. Mi ero sempre considerato un gatto eccezionale, i ragazzi me lo avevano fatto credere e adesso, in Sicilia, scoprivo un sosia. Era, come me, di dimensione superiore alla norma, biondissimo. Unica differenza, il colore degli occhi che lui aveva gialli, freddi, vendicativi, mentre i miei erano azzurri.

La fortuna volle che la sorpresa fosse reciproca. Ebbi il tempo di riprendermi e di schivare il primo assalto. Mi resi subito conto che era più forte perché più allenato allo scontro con rivali e certo più astuto di me. Mi immobilizzò in poche mosse e stava già mordendomi alla gola, quando miagolai: – È questo il benvenuto che date ai forestieri? Come avrei potuto immaginare di avere un sosia a mille chilometri dal mio paese e con il mare di mezzo? Anche la gatta è innocente, nessuno può biasimarla, se mi ha scambiato per te –.

Si fermò per riflettere, allentando la presa.

– Da dove vieni? – chiese.

– Dalla Romagna –.

– Dove abiti? Unni stai? –

– Nella casa che ha la cucina sul terrazzo –.

– La terrazza che sta sopra la gabbia dei canarini? –.

– Ah, già. I canarini della padrona di casa, li ho visti –.

– Che gatto sei che ai canarini non ti interessi? –.

– In casa trovo cibo sufficiente – mentii. Altra spiegazione non avrei saputo trovare. Come spiegargli che quei canarini rappresentavano, per l'anziana signora Carmela, ciò che rappresentavo io per i miei ragazzi?

– Certo, ho visto subito che sei un gatto *beddu chinu*, ben nutrito – bofonchiò il mio rivale che, per fortuna, sapeva miagolare un linguaggio anche di uso comune.

– Sentimi allora. Capo della contrada sono. Lia mi appartiene. Guai se ti ritrovo un'altra volta a fare lo stupido. E, anche le altre gatte, sotto la mia protezione stanno... –.

Si finse falsamente magnanimo: – Per questa volta ti perdono, non potevi sapere, nuovo di qua sei –.

Ma, in realtà, decise di giocare a suo favore il mio errore. Se volevo restare nella zona, precisò, dovevo pagare pegno. Ogni giorno una porzione di carne. Pesce almeno una volta alla settimana. E non guastava un fringuello una volta ogni tanto. Bello, caldo, palpitante, così doveva essere, miagolò.

– Tu gatto cacciatore sei? –.

– Ti ho già detto che in casa... –.

– Già, tu gatto di casa, sei... – sogghignò – e portami allora i bocconcini che ti passano i padroni –.

Aveva lasciato la presa. Mi mantenni a debita distanza ma non volli fuggire, sia perché ero convinto che mi avrebbe raggiunto, sia perché volevo dimostrare che avevo il coraggio di tenergli testa.

– Non ho padroni e non ho intenzione di averne – lo informai – Ordini non ne ricevo –.

– Amico degli uomini, sempre gatto venduto sei. Se non mantieni l'impegno, ti faccio cacciare, con i tuoi amici –.

– E tu chi sei? Il padrone del mondo? Sei un gatto come me, somigliantissimo, ma questo che vuol dire, è solo un caso. Non sei un gatto selvatico e nemmeno una divinità egiziana. Altri gatti, altri tempi, caro mio. E anche altri uomini, per fortuna –.

– Se non paghi, ti faccio cacciare, parola di Don –.

– Don? Che cosa vuol dire, un rintocco di campana? È un nome ridicolo –.

Lontano dalle sue unghie e denti, racimolavo coraggio.

Lia, a prudente distanza, ascoltava i nostri miagolii. Nel suo sguardo languido, lessi una debole speranza, una promessa.

Imbaldanzito, seguitai: – Non credere di spaventarmi, sbruffone –.

Volevo dimostrare a Don, e a me stesso, che non ero un vigliacco. Per quanto possibile, indietreggiai mostrando indolenza e disinvoltura, pronto a mettere le zampe in spalla, se l'altro avesse fatto l'atto d'inseguirmi. Purtroppo Don meditava una vendetta molto più raffinata.

X

IL CANE WHITE

Tra casa e ufficio, Marilena scendeva e saliva, per due volte al giorno, alcune rampe di scale che, dal lungomare, portavano fino alla parte più alta e più vecchia della città, là dove avevamo trovato alloggio. Anche lei, come la madre, era dimagrita e tutto quel camminare, per quattro volte, sotto il sole della primavera siciliana, le aveva abbronzato il viso, gambe e braccia. Sembrava diversa. Come Francesco, si era fatta malinconica e silenziosa, negli occhi le si leggeva la nostalgia della sua terra. Ma con me era sempre tenera e gentile. Spesso, rincasando, mi portava un cartoccio di ritagli di carne o del pesce freschissimo, quello che gli uomini definiscono "frittura". Ogni volta le andavo incontro, non solo perché interessato alle leccornie alimentari, ma desideroso delle sue carezze.

Un giorno, ebbi una brutta sorpresa. Non era sola, ma seguita da un ridicolo, goffo cane, dalla pelliccia bianca, foltissima. Arruffai subito il pelo e mi ritrassi. Marilena dimenticò di carezzarmi. A casa presentò il cane.

– Mi ha seguita per tutta la strada. Guardate com'è bello. Magari è un po' sporco ma, con un buon bagno e un insetticida per le pulci, potrebbe presentarsi ad un concorso di bellezza –.

Sua madre protestò: – In questa casa ci manca solo il cane, per giunta sporco e pieno d'insetti –.

– A ripulirlo ci penso io, mamma. Del resto col gatto ho sempre fatto io –.

Adesso mi chiamava "gatto", con distacco. Fu una consolazione magra sapere che avrebbe torturato il cane, strigliandolo e insaponandolo. Ne sapevo qualcosa, io, di quei trattamenti! Ma perché quei programmi d'igiene? Intendeva per caso ospitare quell'animale? Al sospetto, il cuore si mise a farmi il matto, sembrò cercare una via d'uscita attraverso gli occhi, le orecchie, la bocca... O voleva spaccarmi il petto?

Colmo dei colmi, Marilena divise in due la mia porzione di carne, anzi quella del cane fu più abbondante della mia, dal momento che era più grosso di me. Del resto, mi si era talmente chiusa la gola che era assolutamente impossibile vi passasse del cibo. Per la verità, scelsi il digiuno finché quella "bestia" fosse rimasta in casa. Il dubbio che potessero preferirlo a me mi addolorò al punto che andai a nascondermi nell'angolo più buio della casa, dentro un ripostiglio pieno di casse e oggetti vari. La mia infelicità raggiunse il culmine, quando udii le esclamazioni di Francesco.

– Bello, bellissimo... Lo teniamo, Marilena? –.

– Avrà un padrone, dovremo informarci... –.

– Se ti ha seguito spontaneamente, vuol dire che, del padrone, gliene importa davvero poco –.

Sbirciai dal mio nascondiglio, feci male perché vidi che Francesco allungava una mano per accarezzare la testa del cane e ne soffrii. Quello fece uno scarto indietro come di paura, ma, quando la carezza lo raggiunse, incredulo, uggiolò di piacere.

– Devi averne prese, di botte – commentò Francesco – se hai creduto che volessi picchiarti... –.

Offeso e amareggiato per quel tono compassionevole e affettuoso, lasciai la mia postazione nascosta e scelsi, per quel giorno, la via dei tetti. Fra un balzo e l'altro, fui raggiunto da un miagolio seducente e flebile. Era Lia che mi chiamava da dietro un comignolo.

– Oh, Lia, dolcezza... –.

– Ti prego, non chiamarmi così. Sono qui solo per metterti in guardia. Don è molto in collera. Ha fatto delle minacce, ha miagolato che ti darà un avvertimento. Poi, per te guai grossi saranno –.

– Sei gentile a preoccuparti per me. Io non saprei immaginare un guaio peggiore di quello che mi è già capitato in casa. La vita è un continua delusione, dolcezza mia –.

– Vorrei tanto aiutarti – miagolò commossa.

– Sapessi quanto ti vorrei dalla mia parte... Ma tu sei troppo legata a Don –.

– Siamo tutti così stanchi delle sue prepotenze... Se tu avessi il coraggio di affrontarlo... –.

– Dolcezza mia, soltanto ieri mi avresti fatto felice con questo incitamento, ma oggi rimango indifferente –.

Con un balzo di traverso, segno di umiliante sottomissione, Lia si dileguò e capii subito il motivo. Don mi aveva raggiunto, sornione.

– Lia stava qua? – mi chiese aggressivo.

– Se n'è andata appena ti ha visto arrivare, ti teme molto –.

– Tu invece... Ancora non hai capito quello che posso farti –.

– Oggi ho saltato la colazione, se arrivi al terrazzo ce la trovi. Occupati come sono, ti scambieranno certamente per me –.

Lo provocavo.

– Farmi passare per un servo degli uomini? Voglio essere servito, io –.

– Da me, no – precisai, incurante delle conseguenze.

Stranamente remissivo, si allontanò.

Rincasai che imbruniva. Annusai l'odore dell'insetticida in polvere e dello shampoo. Il cane, sfrontatamente mi scodinzolò incontro, vaporoso e profumato. Con la lingua ciondoloni, scopriva i denti e sembrava sorridere, come per chiedere approvazione, o voler prendersi gioco di me.

– Fortunato te – mi accolse – che vivi da tempo in questa casa –.

– Fortunato fino al momento in cui sei entrato tu, cane odioso. Ti sei umiliato fino a strisciare per terra, pur di restare –.

– Perché non mi vuoi? Invece, i due ragazzi sono molto generosi e ospitali –.

– Non ti permetto di nominarli, i miei ragazzi. Nemmeno a me devi rivolgerti, proprio non mi devi pensare, fai conto che io non esista. Non abbiamo niente in comune, noi due –.

Vagamente mi resi conto che mi esprimevo quasi come Don.

Ritornai nel ripostiglio ma, all'ora di cena, mi cercarono. Rimasi con il muso fra le zampe, immobile. Non intendevo muovermi o mangiare, fino a quando quell'innominabile animale fosse rimasto.

Francesco si avvicinò: – Perché te ne stai qua, al buio, non hai fame stasera? –.

Mi porse degli avanzi di pesce che ignorai, anche se ne ero molto ghiotto.

– Sei malato per caso? –.

Mi parlava, come al solito quasi convinto che potessi

capirlo. Sembrava, perfino, aspettarsi una risposta col suo stesso linguaggio.

– Se non mangia, è malato – commentò Marilena dall'altra stanza – ti ricordi quando ebbe l'otite? Si comportava nella stessa maniera. O forse risente adesso degli strapazzi del viaggio –.

– Invece, io sospetto che sia geloso del cane – insinuò Occhi-verdi-dorati che, nonostante tutto, mi capiva.

Gli altri risero e mi sentii offeso. Poco dopo, rise con loro anche Francesco. Possibile che ridesse di me? Poi capii: ridevano delle pagliacciate di quel cane buffone. Strisciai fino alla porta socchiusa della stanza da pranzo, attento a non farmi notare. Vidi che il cane se ne stava ritto sulle zampe posteriori, muovendosi a piccoli passetti. Imitava gli umani o gli orsi? Allungava una zampa come un mendicante e i commensali, divertiti, gli cedevano i bocconi del loro piatto. Glielo tiravano in modo che potesse prenderlo al volo: uno schifo. Ritornai nel ripostiglio.

Là, mi raggiunsero, da sotto il terrazzo nel giardino, le grida di donna Carmela, altissime e stridenti.

– Bestiaccia infame, i canarini m'ammazzò! –.

E imprecazioni varie irripetibili, a gola spiegata rivolta a tutti noi.

– Signor Donati! Si affacci, dico a lei! – strillava.

Il padre dei ragazzi andò sul terrazzo e si affacciò. Vide che una delle varie gabbie di canarini, appese al muro per un chiodo, era caduta a terra e ora era vuota.

– Guardi che scempio. Soltanto poche penne, rimasero. *Mischini* (poverini) i canarini, stavano covando... E quel bastardo di gatto... –.

– Che c'entra il mio gatto... –.

– Tutto il giorno, lo vidi girare intorno alle gabbie. Lo presi pure a sassate: ammazzarlo, dovevo –.

Le sue grida trapassavano i timpani.

– Sono disposto a rimborsarla, ma non credo che il gatto... –.

– I soldi non li voglio, voglio il gatto, ecco cosa voglio! Per farlo a pezzi –.

Marilena mi difese: – Non credo che Muci abbia mangiato i canarini. Capisce che non deve, o almeno se n'è sempre disinteressato –.

– Però stasera non ha appetito – insinuò suo padre – Segno che è sazio –.

Intervenne anche Francesco a difendermi con fervore.

Nel mio angolo nascosto, impotente, pensavo che la vendetta di Don era arrivata, nel momento peggiore, a togliermi la fiducia e l'affetto dei miei amici. Come potevo dimostrare che donna Carmela non aveva visto me, ma Don, nel suo giardino?

XI

LA VENDETTA DI DON

Quel cane in casa mi tolse la voglia di vivere. Smisi di nutrirmi e mi indebolii al punto da traballare sulle zampe. Mi si velarono gli occhi, fino a perdere quasi del tutto la vista. Non m'importava, ero diventato indifferente a tutto. Nessuna emozione perfino il giorno che Marilena scoprì l'esistenza del mio sosia.

– I canarini, deve averli mangiati quell'altro gatto, è identico a Muci. Mi sembra un gattaccio selvatico, un vero bandito. Figuratevi che l'ho scambiato per Muci. Se non avessi saputo che il nostro, da giorni, non si muove di casa, non avrei avuto dubbi... L'ho capito anche dagli occhi gialli e cattivi, Muci li ha azzurri e buoni. Bisognerebbe catturare quel gatto e mostrarlo alla padrona di casa –.

Francesco tristissimo annunciò: – Tanto a che serve? Muci sta molto male, sta morendo –.

– Gli sono andati di traverso i canarini – disse il padre dei ragazzi.

– No – protestò Francesco – È geloso del cane, si lascerà morire se non lo mandate via –.

– Pensi che un gatto possa arrivare a tanto? –.

– Muci è molto sensibile –.

Marilena venne a verificare le mie condizioni, chissà perché non lo aveva fatto prima. Si convinse ch'ero ridotto proprio male.

Chiamò il cane che avevano chiamato "White". Quello era deciso a starmi a debita distanza. Infatti, gli soffiai contro: – Stammi lontano, ladro –. Arruffai il pelo e mi ritrassi, forse non era un granché per dimostrare la mia gelosia, è normale che i gatti detestino i cani.

– Sei geloso di Withe? – mi chiese Marilena; domanda inutile visto che non avevo la parola. Alzai gli occhi verso la sua voce, di lei vedevo solo un'ombra, tirai fuori un lamento lungo, sperandolo abbastanza straziante.

– Ha qualcosa negli occhi, sono velati: è cieco! – esagerò Marilena.

Poi tornò ad essere la Marilena dei miei tempi migliori, con la vocazione d'infermiera. Si procurò del collirio, mi medicò gli occhi, mi coccolò. Il "ron – ron" delle mie fusa era anche una richiesta: – Manda via il cane, ti prego... –.

– Se ti sei ridotto così per gelosia, sarà meglio lasciare andar via White. Non ne sono sicura, ma nel dubbio, meglio mandarlo via, prima di affezionarci troppo –.

Esultai. Con lo sciopero della fame avevo vinto. Ma a che prezzo? Forse avevo consumato la mia seconda vita.

Il cane White s'era illuso di aver trovato vitto, alloggio e affetto fino alla fine dei suoi giorni e invece... Adesso, a distanza di tempo, capisco di essere stato molto egoista. Allora, questo pensiero nemmeno mi sfiorò. Non m'importò della sorte del cane, che s'arrangiasse, avrebbe trovato qualche altro estimatore delle sue esibizioni da circo. E, così ben ripulito, avrebbe avuto maggiori possibilità.

Liberatomi del cane, capii che dovevo dimostrare la mia approvazione riprendendo a mangiare ma lo stomaco, illanguidito dal lungo digiuno, all'odore del cibo, provò nausea perfino alla vista della carne macinata offerta da Francesco. Mi feci forza e finsi la voracità che non provavo. Occhi-verdi-dorati, compiaciuto, commentò:

– Visto, partito il cane, gli è tornato l'appetito –.

Due giorni dopo, riacquistate le forze e, in gran parte, anche la vista, tornai sul terrazzo. Marilena aveva parlato con donna Carmela di me malato e del gatto mio sosia, citando come prova il colore diverso degli occhi. La donna si era rabbonita, tantopiù che il padre dei ragazzi le aveva regalato un'altra coppia di canarini di una specie pregiata, con le piume arricciate. Io, comunque, non mi sarei mosso di casa fin quando non mi fossi rimesso in salute, non volevo correre il rischio di incontrare Don, malmesso com'ero.

Però avvenne un fatto che ancora oggi non so spiegarmi.

Rialzatosi il velo che nascondeva parte dei miei occhi, questi si rivelarono di colore diverso. Erano diventati comunissimi occhi gialli di gatto. Cosa mai poteva aver determinato quel cambiamento? Forse perché ero diventato un gatto adulto, superando quel difficile periodo che per gli esseri umani si chiama adolescenza? Ma nei cuccioli d'uomo il cambiamento di colore avviene nel primo anno di vita... Insomma, non so dare spiegazione, so solo che, quando avvenne, fu un gran guaio. Con gli occhi gialli, ero la copia perfetta di Don e spariva la prova più valida a dimostrare il contrario, anzi invalidava le dichiarazioni di Marilena, facendola bugiarda.

In compenso, constatai che con gli occhi gialli ci vedevo meglio di prima e ciò mi avrebbe permesso di difendermi più rapidamente dagli assalti di Don. Lo sottovalutavo perché il peggio doveva ancora venire. La sua vendetta non si era ancora compiuta.

Lo seppi dalle grida furibonde di donna Carmela. Inveiva dal giardino verso il terrazzo. Le sue urla raggiungevano noi e chiunque si fosse trovato nel raggio di un chilometro.

– Disgraziati, delinquenti, assassini...! –. Usava il plurale, considerava i miei amici complici del presunto colpevole.

– Tutti me li avete straziati, i miei canarini! –.

Pare che Don avesse sorvegliato la voliera più grande

con la tenacia e l'astuzia di un criminale incallito, fino a cogliere un momento di distrazione di donna Carmela. Infatti, la donna aveva accostato, senza chiuderlo, il cancello della voliera. Altre volte, era accaduto ma i canarini, essendo nati in gabbia, erano così domestici che non si sarebbero mai serviti di quella fessura per fuggire. Ne aveva invece approfittato il mio rivale, per entrare. Pochi attimi e aveva fatto una strage. Qualche canarino era riuscito a fuggire quasi per caso, imboccando l'apertura della gabbia. Se ne era volato via, oltre il giardino, rinviando la sorte già decisa. Se avesse evitato gli artigli di Don e magari quelli della dolce Lia, sarebbe perito perché incapace di sopravvivere in libertà.

La scenata di donna Carmela fu disgustosa. Si fece prendere da una crisi di nervi, si strappò i vestiti e i capelli. Se mi avesse avuto fra le mani, ne sarei uscito carne macinata. Invano i miei amici negarono ogni mia responsabilità.

– È malato da una settimana, non si è mai mosso di casa –.

– Ma certo, *mischinu*, il vostro "gattino adorato"... Una tigre affamata *gli è*. Ma ve ne andate, parola mia, voi e il vostro "gattino" –.

Detto e fatto. Sfrattati, in pochi giorni, sgomberammo. Il giorno del trasferimento, mi misero per prudenza in una cesta con una panno sopra di me. Sinceramente

93

mi sembrò eccessivo. Dalla cima della scalinata, mi raggiunse il miagolio trionfante di Don.

– Gatto di casa, servo, mi senti? Ho mantenuto la parola: ve ne andate, tu e i tuoi "padroni"! –.

Mi si drizzò il pelo dall'ira. Mi divincolai nella cesta, liberandomi dal panno che mi stava sopra. Sotto gli occhi sgomenti dei miei amici – mai padroni – presi alla sprovvista, risalii a balzi la scala. Don mi aspettava immobile, o non mi aspettava per niente. Forse fu la forza della disperazione o il bruciore dell'offesa subita. O fu questione di fortuna, o colpa della sua eccessiva, presuntuosa sicurezza, fatto sta che il primo assalto fu a mio favore. Gli piantai le unghie nella schiena e riuscii ad azzannarlo a fianco del collo. Si scrollò con un miagolio furibondo di rabbia, ma anche di dolore, gli avevo staccato brandelli di pelle e di pelliccia. Nel frattempo, ci raggiunse Francesco che aveva raccolto una manciata di sassi. Mise in fuga il mio nemico e, devo purtroppo ammettere, fu per il mio bene. Tuttavia avevo imparato la lezione. Promisi a me stesso che, da allora in avanti, qualunque Don si fosse messo sulla mia strada, lo avrebbe fatto a suo rischio.

XII

MISERO, IL GATTO POVERELLO

La nuova sistemazione non fu migliore della prima. La cucina, rispetto alle precedente, aveva il vantaggio di essere all'interno della casa, ma era piccolissima, umida e buia, maleodorante, quindi, per motivi diversi, malsana quanto l'altra. Forse, il difetto peggiore era che l'appartamento si trovava in aderenza con quello di donna Nunzia, la padrona di casa, una donna molto pettegola e indisponente. Di bello, invece, c'era anche qui un terrazzo ma, purtroppo per me, non dava sui tetti. Era sempre inondato di luce accecante e si affacciava sul mare. Da lassù, si vedeva lo stretto di Messina, il continuo e veloce andirivieni degli aliscafi e il lento avanzare delle navi traghetto. Di là dal mare, c'era Villa San Giovanni; verso di noi, invece, al porto, come fosse adagiata sull'acqua, si ergeva la statua della Madonna della Lettera. So tutto questo perché i ragazzi, affacciati alla balaustra, si estasiavano e si commuovevano, indicando e parlando fra loro. Per conto mio, evitavo di guardare in quella direzione perché il riflesso del sole sull'acqua mi accecava.

Devo inoltre precisare che l'aria di mare mi rendeva nervoso. Dal giardinetto incolto, sotto casa, potevo passare, arrampicandomi sul muro divisorio, in un aranceto. Lì vagavo per giornate intere senza pace, nella speranza di un incontro che non avvenne mai.

Dalla nostra nuova casa, si scendeva al lungomare per una scalinata di due rampe. La discesi e risalii migliaia di volte. Un pescivendolo vendeva e bandiva, a gran voce, del pesce freschissimo che faceva bella mostra sopra un banco all'aperto. Spesso mi cibai degli avanzi e delle ripuliture. Nei pressi, c'era la fermata dell'autobus che Marilena prendeva per andare in ufficio. Francesco, in ottobre, ricominciando la scuola, si fece degli amici. Primo fra tutti, un ragazzo della sua età che abitava nelle vicinanze, si chiamava Mimmo. Era un ragazzo bruno, abbronzato come un africano, bello e atletico come Francesco, il mio biondo Occhi-verdi-dorati. Diventarono inseparabili. Mimmo era sempre per casa e mi dimostrava simpatia. Lo sentivo sincero e quindi gli permettevo di accarezzarmi. Anch'io lo trovavo simpatico.

Purtroppo per me, non c'erano altri animali vivi nella zona, oltre ai pesci in mare. Mi annoiavo a morte. Naturalmente esagero, qualche lucertola c'era. Ma intendo dire che non c'erano miei simili con cui scambiare un miagolio. Fino a quando, una mattina, apparve "Misero".

Scendevo per le scale, dietro Marilena che si recava alla fermata dell'autobus. Da una siepe di rovi del giardino incolto, uscì un lamentoso miagolio. Lo vedemmo. Era bianco e nero, così sporco da sembrare tutto grigio. Era spelacchiato, stazzonato e così magro che gli si potevano contare le costole, traballante sulle zampe, debolissimo.

Marilena, a quella vista miserevole, si bloccò: – Poverino, in che stato... –.

Si chinò verso di lui che si nascose nel fitto. Mi allarmai: "Ci risiamo".

L'altro era talmente brutto e repellente che, neanche a un cuore generoso come quello di Marilena, poteva suggerire una carezza.

Così almeno sperai, mentre lei mi ammoniva: – Non avvicinarti, potrebbe essere malato e contagioso –.

Prima di discendere la seconda rampa di scale, si rigirò a guardarlo e mormorò di nuovo: – Poverino... –.

La seguii fino alla fermata dell'autobus e aspettai che fosse salita sull'automezzo come ogni mattina, solo allora tornai indietro. Misero stava ancora là, dove lo avevo lasciato. Strabuzzava gli occhi che erano semivelati, come li avevo avuti io al tempo del mio digiuno per gelosia.

– Da dove vieni? – gli miagolai.

Non rispose e si rintanò dentro i rovi e, per quanto

cercassi di provocarlo e insultarlo, non reagì. Fu, invece, pronto a mostrarsi di nuovo al ritorno di Marilena, segno che la debolezza non gli aveva offuscato l'astuzia.

Lei lo chiamò col verso tipico che fanno gli uomini per richiamare la nostra attenzione. Facendo la voce dolce, invitante aggiunse: – Vieni qui povero piccolo... –.

Cercò di avvicinarsi, ma quello drizzò il pelo e le soffiò.

– È selvatico – commentò la mia amica. Capii che non dovevo illudermi.

Nei giorni seguenti, Misero diventò più brutto e più debole, io stesso non reggevo a guardarlo. I ragazzi ne ebbero così tanta compassione che gli portarono da mangiare e da bere. Per cibarsi aspettò di trovarsi solo. Lo osservai a debita distanza. Non volevo ammetterlo ma, oltre al disgusto, provavo pietà. Gli avevano portato, in un cartoccio, gli avanzi della tavola, quelli che io avevo sempre rifiutato: pasta asciutta e pane inzuppato. Mai io mi sarei adattato, ma Misero sì. Divorò il tutto e girò intorno alla carta ancora incredulo di averla ripulita. Mi avvicinai.

– Amico mio – lo ammonii – non farti illusioni. I miei ragazzi sono generosi, ma non aspettarti niente di più che un avanzo di minestra. Tieni presente che, per me, hanno messo alla porta un magnifico cane. Un mostriciattolo come te che cosa può pretendere? –.

– Niente, pretendo – miagolò inaspettatamente, con

un filo di voce. – Sia benedetta un poco di minestra quando capita. Ho ricevuto finora solo sassate e calci e quel poco che ho trovato nella spazzatura. Non ho speranze, non mi fido di nessuno, nemmeno dei tuoi ragazzi –.

Era straordinariamente umile per essere un gatto. Mi trovai, quindi, a rispondergli: – Dei miei ragazzi potresti anche fidarti, se te lo dico io. Di me, meno. Non avvicinarti troppo alla casa, ecco tutto –.

Passò una settimana e il pelo di Misero diventò pulito e lucido e il poveretto, anche se bello non si sarebbe mai potuto dire, ebbe un aspetto più decente. Lo disprezzavo, è vero, ma era l'unico gatto con cui scambiare due miagolii. Visto che i miei ragazzi lo nutrivano ma non gli permettevano di avvicinarsi oltre un certo limite e che rispettava i miei patti, perché privarmi di miagolare con lui?

Gli raccontai della mia vita, esagerando le azioni eroiche. Misero mi ascoltava in rispettoso silenzio, con l'ammirazione negli occhi. Feci mie le sentenze di Menelik, lusingato di apparirgli tanto esperto e istruito, quanto era parso ai miei occhi il mio lontano amico mai dimenticato. Gli elargii consigli e lo incoraggiai. Gli dimostrai benevolenza, come è giusto che facciano i più forti verso i propri simili bisognosi di aiuto.

XIII

SOCRATE PROVA COMPASSIONE

Stavo gustando dei freschissimi pescetti da frittura che Marilena, rincasando dal lavoro, aveva comprato sotto casa. Avvertii un movimento e, con la coda dell'occhio, controllai l'entrata al terrazzo. Misero, per la prima volta, aveva osato superare il limite impostogli. Lo bloccai con uno sguardo eloquente. Si sedette sulle zampe posteriori, osservandomi a distanza.

– Che cosa vuoi? – gli miagolai irritato. La sua presenza mi creava disagio, capivo che gli faceva gola il mio pasto.

– Niente, me ne sto qua buono. L'odore del pesce, sai... è un piacere annusarlo e mi basta –.

Mi si contrasse lo stomaco, immedesimandomi.

– Non hai ancora mangiato, oggi? –.

Il suo diniego accentuò il mio senso di malessere.

– Caro mio, devi imparare a darti da fare. Qualche topo, o lucertola, si può sempre rimediare, in attesa di meglio. Sinceramente, sei senza iniziativa... I ragazzi sono a tavola, adesso. Se ci saranno avanzi, si ricorderanno di te. Però non devi prendere l'abitudine alla loro generosità, proprio non devi –.

Ero già sazio e cominciai a scartare le teste, compiaciuto di dimostragli in quale conto fossi tenuto.

– Quel pescivendolo, qua sotto, è proprio una comodità – commentai perché sapesse che, di risorse, io, ne avevo infinite. – Se non ci pensa Marilena, vado in strada –.

– Sei intraprendente tu – e intanto si avvicinava – invece io ho paura –.

– Paura di che cosa? –.

– Se scendo quelle scale, paura di non ritornare... Proprio adesso che ho trovato voi –.

– Vacci piano. Sei un ospite occasionale, non fai parte della famiglia. Ti conviene renderti indipendente –.

Si avvicinò ancora di più. Finsi di non vedere. Provavo per Misero un sentimento che mi era del tutto nuovo. E, può sembrare strano, avevo il desiderio di proteggerlo. Erano sentimenti quasi umani, dei quali, in parte, mi vergognavo. Allungò una zampa in direzione degli ultimi pesciolini, ritraendola subito. Allora, giusto per sembrare coerente con l'immagine che gli avevo dato di me, ma senza convinzione, lo scacciai. In parole povere, lo presi a zampate. Tenni, però, le unghie dentro, perché mi sarebbe dispiaciuto fargli veramente del male.

Sbatacchiai contro di lui la zampa destra, così come

può fare qualche genitore umano quando sculaccia un figlio. Misero, ad orecchie basse, stette a lì a prendersi le zampate, senza difendersi, convinto di meritarle.

Così ci sorprese Francesco. Da come rise, piegato in due, dovette sembrargli una scena esilarante. Ancora mi domando perché. Figuriamoci che ne parlò per due giorni in casa e certo anche a scuola. Andava dicendo: – Muci ha preso a schiaffi il gatto Miserello –.

Come previsto, Marilena portò una ciotola con gli avanzi della tavola e la mise a terra per Misero. Minestra di patate e qualche crosta di formaggio. Voltai la testa, disgustato a quella vista.

– Per oggi, mangia pure sul terrazzo, ma non prenderci l'abitudine – precisò Marilena – Vedi bene che Muci non te lo permette e nemmeno io –.

Gli si rivolgeva come se Misero, gatto ignorante e semplicione, avesse potuto capire il linguaggio degli uomini, privilegio di pochi, eccezionalmente dotati. Tradussi per lui.

– Sei molto istruito – mi adulò. Poi divorò quella brodaglia maleodorante. Evitai di osservarlo e gli lasciai tre crognoli e diverse teste di acciughe per rifarsi la bocca. Mi allontanai dondolante, compiaciuto della mia generosità. Scesi dal terrazzo con un balzo acrobatico e mi arrampicai lungo il muro di confine. Misero, che aveva preferito, invece, la via delle scale, mi raggiunse.

– Posso venire con te? – chiese. Il suo miagolio era esile e umile, colmo di ammirato rispetto. Mi lusingò.

– Se vuoi. Sai arrampicarti? –.

Riuscì a farlo, goffo e impacciato. Mi seguì nella discesa.

– Mi domando come sia piovuto tu, così inesperto, nel nostro giardino. La prima volta che ti ho visto, nemmeno ti reggevi sulle zampe –.

– Ci sono venuto dalla strada. È stata una combinazione salire per la vostra scalinata e arrivare fino in cima. Non so come io ci sia riuscito, ero sfinito, avevo camminato così tanto... –.

– Una madre, devi averla avuta – volli indagare.

– Mia madre, la ricordo poco. Era tutta pelle e ossa, aveva poco latte, i miei fratelli sono morti tre giorni dopo la nascita. Io, l'unico, sono cresciuto con quel poco che poteva darmi. Ti farà ridere, ma, certo, devo essere stato il più forte. Mia madre, senza tante cerimonie, un giorno mi miagolò: "Figlio mio, adesso devi proprio arrangiarti, non posso più fare niente per te". E mi lasciò là, per strada, dove l'avevo seguita fiducioso. Così sono partito. Per mesi, da una spazzatura all'altra, fino ad arrivare qua. Avevo sperato di essere accolto in qualche casa, ma sono così brutto che nessuno mi ha voluto –.

– Bello non sei davvero. Magari perché ti sei sempre nutrito poco. Ma, adesso, che hai recuperato le forze e ti sei ripulito, hai un aspetto abbastanza decente. Poi sei rispettoso e gentile. In questi due mesi, ti sei perfino istruito... Ora devi farti più svelto d'ingegno e di azione. È importante che tu impari ad arrangiarti da solo, tua madre non aveva torto, ma avrebbe almeno potuto insegnarti... Non si può dipendere totalmente dagli uomini, dalla loro carità, o capriccio. Non sono affidabili e poi, per noi, è umiliante. Inoltre, è difficile trovare uomini che amino i gatti. Dicono che di noi non ci si può fidare, come vedi è un giudizio reciproco. Dicono che siamo traditori. In questo modo, giustificano i loro pregiudizi primitivi. Ti consiglio di non fidarti degli uomini, salvo rarissime eccezioni. Non immagini di quali malvagità siano capaci –.

Gli raccontai delle superstizioni medioevali, delle persecuzioni subite dai nostri antenati, lo istruii come Menelik aveva istruito me, un tempo che mi sembrava lontanissimo. Misero ascoltò, senza fiatare, inorridito. Ricordavo, invece, i miei commenti sagaci, al tempo della mia inesperienza, quando Menelik aveva creduto di incantarmi e un poco c'era riuscito. Se esistesse una "Storia dei gatti", dovrebbero scrivere di noi due: "Menelik e Socrate, gatti eccezionali, di pari intelligenza".

– Quante cose sai... – esalò Misero.

– Chiamami Socrate, è il mio vero nome – lo informai, in segno della mia benevolenza.

Seguitai: – D'altra parte, non ti devi meravigliare di

quanto accadeva soltanto qualche secolo fa. Ancora oggi, persistono certe ridicole convinzioni. Io stesso ho visto un'auto tornare indietro, soltanto perché un gatto nero le aveva attraversato la strada. È una superstizione che risale giusto al tempo in cui gli uomini credevano nelle streghe e le immaginavano nascoste nelle sembianze di un nostro antenato. Ti dirò che, ancora oggi, c'è chi crede nelle streghe e nei loro filtri, nemmeno tanto lontano da noi due che qui, adesso, miagoliamo. Roba da sganasciarsi dalle risate, o da piangerci sopra. E tu, magari, sei convinto che l'uomo sia una creatura superiore. Io, comunque, sono un gatto fortunato. Se non lo fossi, non sarei qui a miagolarti le mie storie. Ebbi la fortuna di incontrare un ragazzino generoso, il mio caro Occhi-verdi-dorati, quello che tu conosci col nome di Francesco. Grazie a lui, fui salvo. Un attimo prima, un suo coetaneo mi stava abbandonando in mezzo a un campo. Di ragazzi come Francesco, caro mio, ne esistono pochi –.

– Anche Marilena è eccezionale – azzardò Misero che manifestava le sue preferenze.

– Certo, è buona, fin troppo generosa, ma me ne ha fatto passare... di quelle! –.

– Quando mi avvicino a casa vostra, sento il calore della famiglia felice –.

– Non farti incantare dalle apparenze – lo contraddissi. Provavo un certo gusto agro, nel deluderlo, ci mettevo anche un grande impegno, convinto che fosse per il suo bene.

– Non è tutto oro quello che luccica, come dice un proverbio umano. Felice è una parola grossa. E poi, sai che cosa vuol dire "l'essere felici"? Vuol dire sapersi contentare, o, soltanto, non essere infelici. Quando i miei amici dovettero lasciare la Romagna, erano molto infelici. E anch'io. Ci adattammo. La madre dei ragazzi, invece, non si è adattata. Se la osservi, scopri magari che somiglia a tua madre, magra e sofferente, consumata dalla malinconia. Credimi, gli uomini non sono da invidiare, spesso hanno problemi più grossi dei nostri –.

– Li credevo tutti forti e potenti... –.

– Quelli che sembrano più forti hanno spesso un peso più pesante da portare. Certo non è una regola: ci sono i fortunati. Alcuni sfacciatamente e ingiustamente fortunati. Non sempre i migliori. Anzi. –.

Fra i rami fioriti di zagara, Misero aveva un'aria buffissima. Per contrasto, ricordai la dolcissima Lia, così bella nella cornice dei fiori d'arancio. Soffiai a lungo, un soffio che equivaleva al sospiro umano.

– Non ti ho mai parlato di Lia – miagolai, trasognato.

Mi abbandonai alle confidenze, per il piacere che mi procurava ricordare quel mio primo amore subito perduto. Misero stette ad ascoltarmi, più per compiacenza che per vero interesse: non aveva ancora l'età per sentirsi attratto dalle gatte. Allora gli raccontai di Menelik, di come volesse darmi moglie, dimenticando la mia giovanissima età.

– Sai, Menelik era un gattaiolo irriducibile, vecchio, malmesso, ma sempre con le gatte in testa. Il Casanova dei gatti. Tuttavia, aveva anche altre qualità: era anche molto saggio e intelligente, considerato il re, rispettato da tutti i gatti del quartiere. Mi aveva consigliato di restare in Romagna, ma preferii seguire i miei ragazzi –.

La mia ricostruzione non era del tutto vera. Mi ero trovato in gabbia senza il tempo di riflettere... In ogni caso, miagolare con Misero era molto consolante.

XIV

DONNA NUNZIA

Il caldo era soffocante, non avevo pace. Cercavo l'ombra, ma anch'essa non mi dava refrigerio. Me ne stavo fermo il più possibile, con gli occhi chiusi, abbandonando perfino la mia costante prudenza che in genere mi teneva in parte sveglio, anche se dormivo. Misero mi gironzolava intorno, umile e servizievole, contavo sulla sua presenza in caso di pericolo. Ormai gli permettevo di sostare sul terrazzo, gli cedevo i miei avanzi, gli confidavo le mie preoccupazioni.

Marilena seguitava a prendere il sole sul terrazzo. Non so come potesse resistere tanto tempo al sole cocente, dalle quattordici alle quindici e trenta, prima di rientrare in ufficio. Forse aveva qualche parentela con le lucertole, davvero non riuscivo a concepire tanta smania per le tintarella. Era diventata scura quanto un'africana, irriconoscibile.

C'era poi donna Nunzia a spiarla dalla finestra di casa, a criticarla, a disapprovare quel comportamento che definiva leggero e spregiudicato.

Borbottava: – E se arrivasse qualcuno mentre te ne stai mezza nuda sul terrazzo? Qualche maschio? –.

Sua madre si limitava ad ammonirla: – Prenderai un'insolazione –.

Di maschi umani estranei, infatti a parte Mimmo che, in quell'ora infuocata, se ne stava a casa propria, non se n'erano mai visti.

Confidavo le mie ansie a Misero che mi ascoltava attento e faceva sue le mie pene, tantopiù che, per la mia amica, aveva una sorta di predilezione.

– Dovresti intervenire, cercare di proteggerla da quella donna maligna – mi incitava

A malincuore gli rispondevo. – Caro mio, non dimenticare che, anche se di intelligenza superiore, sono soltanto un gatto –.

L'alto concetto, o presunzione, che avevo di me stesso, non mi abbandonava mai.

Esclusa Marilena, i componenti della famiglia soffrivano il caldo e ciondolavano quanto me. Misero invece riposava poco, sembrava fiutare un pericolo imminente. Un notte entrò in casa attraverso una finestra aperta e andò a raggomitolarsi sul letto di Marilena, ai suoi piedi. La ragazzina si svegliò e si adirò molto. Lo rimproverò aspramente. Per farsi capire senza ombra di dubbio, gli diede piccoli colpi sulla punta delle orecchie, con il dito indice usato con una bacchetta. Roba da poco, non fa

110

molto male. Praticamente è come dare buffetti un po' più energici sulle gote di un bambino, ma è anche molto umiliante per il gatto che li riceve.

D'altra parte... Non aveva mai permesso a me di salire sul suo letto, figuriamoci a un gatto estraneo, quindi non potevo darle torto e perfino fui lusingato quando mi si rivolse: – Non capisco come mai, geloso come sei, gli permetti di entrare in casa, con tutte le tragedie che hai fatto per il cane White... –.

Per qualche notte, la finestra restò chiusa e Misero se ne stette di guardia sul davanzale, come un "cane" fedele. Poi il caldo si fece ancora più soffocante e Marilena reagì. La finestra venne riaperta. Addirittura ci fu una notte in cui i ragazzi se ne vennero a dormire con noi sul terrazzo.

Quell'estate si parlò perfino di un licantropo che si aggirava nei dintorni ma, in casa, nessuno se ne dette pensiero e le finestre restarono aperte.

Donna Nunzia, la padrona di casa, volle dire la sua, come in altre occasioni..

– Come entrano i gatti, possono entrare anche i lupi –.

– Chi vuole che entri in una casa come la nostra, non c'è niente da rubare – le risposero.

– C'è quella vostra ragazzina, vi pare poco? Dovete tenerla d'occhio se non volete che le capiti qualcosa di male –.

La madre dei ragazzi si offese e andò su tutte le furie.

– Mia figlia è una ragazza a posto, lei si faccia gli affari suoi! –.

Quella sogghignò, indisponente. In casa, dopo, ci furono discussioni e la preoccupazione che sotto quelle parole ci fosse come una minaccia. E le finestre, malgrado il caldo opprimente, da quel giorno, furono tenute chiuse.

XV

UNA NOTIZIA IMPREVISTA

Una sorpresa: il padre dei ragazzi, alla chetichella, aveva chiesto un nuovo trasferimento. Stranamente, la notizia lasciò i figli indifferenti perché, sul momento, non ci credettero.

La nuova sede fu una città della Toscana. Sarebbe stato troppo, pretendere di tornare in Romagna.

Fra me e Marilerna, nel frattempo, l'affetto si era rafforzato. Io la seguivo passo passo, come un'ombra. Spesso mi prendeva sulle ginocchia come quando ero un cucciolo. A volte componeva poesie e me le leggeva a voce alta, con una voce da derelitta e lo sguardo perduto nel vuoto. Io rabbrividivo e temevo per la sua ragione così come altre volte mi era accaduto per sua madre.

Alla conferma del nuovo trasferimento, in casa ci fu un certo disorientamento. Come quando, dopo una lunga malattia, viene la guarigione e il momento di uscire all'aria aperta e camminare. Insomma, vivere. E si ha paura di non riuscirci. Francesco accennò che, in due tre ore di treno o poco più, dalla Toscana si passa in Romagna. A sentirlo, parve che avesse già programmato quel viaggio una volta alla settimana. Con grande disinvoltura. Invece il mio amico sarebbe tornato in Romagna soltanto una volta, anche perché il viaggio, da Pisa a Ravenna, è molto più disagiato di quanto sembri. Dura quasi sei ore, tra un cambio di treno e l'altro. Inoltre, non avrebbe avuto rimpianti. Avrebbe messo radici nella nuova terra, così come gli altri della famiglia.

In quel momento, anch'io m'illusi che pure un gatto, uno eccezionale s'intende, potesse riuscire a raggiungere la Romagna dalla Toscana. Un pensiero nebuloso. Anche in me il ricordo dei luoghi amati sarebbe svanito?

Mi sfiorò perfino il dubbio che mi avrebbero abbandonato in Sicilia. In altri tempi, quell'idea sarebbe stata insopportabile e dolorosa, adesso anche il dolore diventava confuso, indecifrabile.

Misero mi gironzolava intorno, senza osare farmi domande. Meglio così. Non avrei saputo cosa miagolargli.

Spiavo quelli di casa con le orecchie tese ai loro discorsi.

Francesco disse. – Speriamo che Muci sopporti bene lo strapazzo del nuovo viaggio e capisca che non lo portiamo al macello. L'altra volta scappò perché era terrorizzato –.

– Gli faremo una gabbia più solida –.

– Deve viaggiare con noi: partire e arrivare insieme –.

114

– D'accordo, lo stesso treno. Ma levati dalla testa di tenerlo con noi nella carrozza passeggeri, facendogli pagare il biglietto come un cristiano –.

Scarsa considerazione per me, ma non volli cavillare. In un certo senso, mi sentii rassicurato ma cominciai a provare uno spiacevole, sconosciuto malessere, di certo inconsueto per un gatto. Non riuscivo a neutralizzare la compassione per Misero.

Marilena, forse, captò telepaticamente la mia angoscia e la fece sua.

– Povero Misero, spero che non faccia una brutta fine – la sentii mormorare.

Francesco suggerì: – Portiamo anche Misero –.

– Neanche a pensarlo... Sì, mi fa pena, ma proprio non possiamo –.

– Anche Muci gli è affezionato –.

– Su questo ho i miei dubbi: ricordati la tragedia per il cane White –.

– Il cane, in casa, lo avevi portato tu. Misero, invece, è stato portato da Muci, è diverso, mi pare –.

– Mi piacerebbe sapere che cosa ne pensano Muci e Misero... –.

Non li degnai di un miagolio. Gli uomini hanno questo brutto difetto, quando sanno che la scelta è impossibile, continuano a cavillarci sopra, sprecano parole inutili. Ero scontento.

Uscii di casa, con Misero alle calcagna. Per fortuna, o sfortuna, non comprendeva il linguaggio umano. Soffocai a fatica il senso di colpa che non aveva ragione di esserci, visto che la decisione non era stata mia. Misero non mi abbandonava un secondo. Cercavo di dirmi che era appiccicosissimo, ecco cos'era! In fondo sarebbe stato un bene liberarmi di lui. Pensieri che mi facevano stare peggio.

– Andiamo a fare un giro, dai, Misero: in questa casa sembrano tutti matti –.

Mi proponevo di informarlo con tatto, senza farlo soffrire troppo. Invece girovagammo a lungo, senza meta, io senza il coraggio di miagolargli la verità. Misero mi guardava con quei suoi occhi scialbi e spauriti, ma nello stesso tempo carichi di domande che non osava pormi. Mi venne un'idea che era un po' un ripiego, ma di più non potevo.

XVI

MISERO ADDIO

Il pescivendolo mi dimostrava amicizia. Io ero solito scendere le scale fino alla strada, quando lui disponeva le cassette piene di pesce sul banco di ambulante. Quel giorno permisi a Misero di seguirmi.

Miagolai il mio buongiorno. Osservai sornione l'uomo cotto dal sole, magro e asciutto come un'acciuga sotto sale.

– Oh, tu, micione, puntuale come al solito. Oggi hai compagnia? –.

Solita abitudine degli uomini di porre domande, sapendo già che non avranno risposte.

Mi lanciò un pesce da frittura, talmente fresco che gli lucevano gli occhi e sembrò guizzare, vivo, nell'aria. L'uomo mi guardava con simpatia, sapevo di piacergli. Ora volevo che trasferisse a Misero quella simpatia e speravo di farglielo capire. Quei bocconcini, che mi riservava ogni giorno, avrebbe potuto concederli al mio amico, se fossi riuscito a comunicarglielo in qualche modo.

Lasciai quindi che il pesce cadesse a terra, invece che prenderlo in bocca al volo. Anzi mi scostai e incitai Misero: – Mangialo tu! –.

– Non vorrei che si offendesse... lo ha dato a te –.

– Se è mio, posso anche regalartelo, no? È bene che lui capisca –.

Misero obbedì un po' titubante, mai mi avrebbe contraddetto e poi quel bocconcino era davvero prelibato e irresistibile.

– Sei così sazio che lo lasci mangiare a quell'altro? – si meravigliò il pescivendolo.

Miagolai un diniego, sperando capisse. Lui lanciò un altro pescetto che finì per terra. Avvertii Misero di non toccarlo, così come feci io. L'uomo si meravigliò ma, incuriosito, fece un altro tentativo.

– Adesso possiamo – miagolai al mio compagno. Mangiammo un pesce a testa e dopo esagerai nel leccarmi meticolosamente i baffi.

– Insomma hai invitato a pranzo l'amico – commentò il pescivendolo che dimostrava grande intuito. Volle verificare regalandoci ancora diversi scarti del pesce da frittura.

Nei giorni seguenti, avrebbe capito meglio il mio comportamento, quando nel vicinato corse la voce che stavano traslocando. Chiese notizie a Marilena, una volta che lei era scesa a comprare del pesce. Le raccontò di come, negli ultimi giorni, io mi fossi avvicinato in compagnia di un altro gatto.

Marilena spiegò come io fossi un gatto speciale. Mi piaceva molto sentirmi lodare.

– Non so se Muci possa aver capito, certo è che lui parte con noi e l'altro resta. Forse ha voluto raccomandarlo al suo buon cuore. Già che ci siamo lo faccio anch'io. È un gattino dolcissimo, lo abbiamo salvato quando era quasi moribondo, ma non possiamo portare anche lui in viaggio con noi. Morirà di fame se nessuno lo aiuta... Gli dia le puliture del pesce, se le capita. O qualche scarto... Muci gli si è affezionato... –.

– Una proposta ce l'avrei – azzardò l'uomo – lasciate il micione e portatevi l'altro. È un gran gatto, me lo tengo a casa mia. Lo tratterò bene, vi assicuro... –.

Parlava nel dialetto siciliano, lo capivo a malapena. Forse Misero, nato là, poteva capirlo... Mi preoccupai.

– Ma che dice! – reagì Marilena. – Muci per noi è come una persona, un fratello. Ha visto bene, è un gatto straordinario, le pare che lo diamo via? E, se le ha affidato il suo amico, vuol dire che si fida di lei. La prego, non lo tradisca –.

La ragazza aveva davvero delle espressioni teatrali, da vera attrice drammatica. Del resto, riflettevo che non sarei stato disposto a sacrificarmi, restando al posto di Misero. Generoso sì, ma non stupido.

Allora seguitai il corso intensivo di sopravvivenza per Misero. Gli mostrai le tane dei topi della zona. Per lui, mi appostai, catturai, azzannai. Anche contro voglia e contro stomaco. Gli ordinai di imitarmi. Gli indicai perfino il nido degli uccelli e, con la coscienza che mi rimordeva, gli spiegai come sorprenderli. Feci mie le parole del mio vecchio maestro Menelik. Gli insegnai a nutrirsi delle uova e, meglio ancora dei piccoli, anche se in realtà io lo avevo fatto pochissime volte. D'altra parte, è anche vero che la natura stessa ti dà nutrimento. Gli uccelli si nutrono di insetti e, i rapaci, di piccoli uccelli, o topi, o rettili. Così via, fino ad arrivare ai mammiferi, uomo compreso che è un grande predatore. L'uomo è l'unico che allevi gli animali per ucciderli, o peggio, li uccide, a volte, per semplice divertimento o per adornarsene.

Io, però, volevo soprattutto che Misero sopravvivesse e così mi finsi un cacciatore spietato, perché sapevo che mi ammirava e mi prendeva a modello. Il pericolo, che temevo di più per il mio amico, era donna Nunzia. Avrebbe riversato antipatie e dispetti su quel povero gatto innocente. Lo avrebbe fatto anche con me, se fossi rimasto.

– Non fidarti di quella donna, nemmeno se ti porge del cibo. Anzi diffida proprio in quel caso, è facile che si tratti di cibo avvelenato –.

Mi fissava con un'espressione attonita, non si capacitava, ma forse qualcosa capiva e si fingeva ignaro, magari per compiacermi. D'altra parte, io sfruttavo quell'ambiguità perché non avevo certo il coraggio di miagolargli: "Sai amico, noi partiamo e ti lasciamo qui da solo".

Vigilia della partenza. La casa sembrò più che mai un accampamento di zingari. Suppellettili ammucchiate, casse, chiodi, trucioli, disordine. Misero, tristissimo, mi trotterellava dietro. Ancora non sapevo decidermi a dirgli la verità. Chissà, forse speravo che i ragazzi, all'ultimo momento, riuscissero a impietosire il loro padre. In fondo, Misero era diventato anch'esso una presenza costante e non faceva un passo senza di me. Era diventato, durante quei preparativi di partenza, come la mia stessa ombra. Muto, adorante, disposto a confondersi con me, rendendosi invisibile.

Venne il momento che m'ingabbiarono e lo fecero, senza alcun riguardo, sotto gli occhi stupefatti di Misero.

– Che cosa ti fanno? Non sono i tuoi migliori amici? Non ti vogliono bene? –.

Senza volerlo mi suggeriva un espediente comodo e vile. Vigliaccamente ne approfittai.

– Lo vedi, degli uomini non ci si può fidare, nemmeno dei migliori. Non so dove mi portino, è certo che vogliono liberarsi di me. Nasconditi finché sei in tempo, non vorrei ti capitasse qualcosa di peggio. E ricordati le mie raccomandazioni. Se la caccia non ti riempie la pancia, vai in strada e il pescivendolo non ti negherà un boccone. Non fidarti di Nonna Nunzia e... buona fortuna, amico –.

Misero, inebetito, se ne stava immobile, un gatto di pietra. Mi colse la nausea e vomitai.

Schifato di me stesso, gli miagolai. – Vattene, che cosa aspetti? Lo vedi che forse mi hanno anche avvelenato? –.

– Non posso abbandonarti – protestò – Non sarei un amico, se lo facessi. Voglio aiutarti, dimmi tu come... –.

Allora mi sentii un verme, schiacciato dalla sua dedizione e affetto.

– Disgraziato, fatti furbo. Impara a vivere: ti ho mentito! I ragazzi partono e mi portano con sé e i gatti, per viaggiare, vengono messi in gabbia. Ti sto abbandonando e tu non lo capisci. Se te lo dico, magari non ci credi perché ti fidi di me. E in fondo è anche vero, non è colpa mia, ma nemmeno sono stato sincero... –.

Era talmente inorridito che sembrava imbalsamato, non reggevo alla sua vista.

– Perdonami, se dipendesse da me, ti porterei via. Ti ho mentito per amicizia, per farti soffrire meno. Sono stato un vigliacco, lo so... –.

Non mi ascoltò più, era distrutto. Corse via a balzi. Seguitai a sentire i suoi lamentosi e strazianti miagolii fino a quando non venne il furgone a caricarmi con gli altri bagagli.

XVII

IN TOSCANA, VITA NUOVA

Pisa, in Toscana. Riaprirono le scuole. Francesco tornò a scuola, ma anche Marilena riuscì a riprendere gli studi, convincendo il padre. In fondo, aveva perso solo un anno e riuscì a recuperarlo, superando due anni in uno. Fu determinante il fatto che la madre, nella nuova sede, avesse subito trovato un lavoro e, di conseguenza, le fosse tornato il buon umore e l'ottimismo. La donna si alleò alla figlia per convincere il marito.

Francesco riempì gli spazi liberi dallo studio, con attività sportive, così che non lo vedevo quasi mai e le sue carezze si fecero sempre più rare e più distratte.

La mattina, dovevo affrettarmi a uscire di casa insieme agli altri, sennò rischiavo di restare rinchiuso per tutta la giornata e, se non rientravo all'ora giusta, finivo per saltare i pasti. E ciò, qualche volta, accadde. Dicono, gli uomini, che noi gatti siamo traditori e incapaci di vero affetto, che lo fingiamo solo perché opportunisti. Ci sospettano, loro, di fingere di amare chi ci nutre... Può darsi che, in alcuni casi, abbiano anche ragione... Io posso dire solo di me stesso che, per la trascuratezza dei miei ragazzi, ne soffrii. Adesso riconosco che, per me gatto, è difficile amare chi non mi ama.

In quel momento doloroso della mia vita, entrò in scena la signorina Carlotta.

Abitava nell'appartamento sopra il nostro, i ragazzi sorridevano di lei, definendola "zitella malinconica".

In realtà, Carlotta non arrivava ai trentacinque anni umani, che corrispondono ai cinque felini, quindi aveva due anni più di me. Viveva sola e passava la maggior parte del suo tempo in casa. Dal piano di sopra, ci raggiungeva il ticchettio della sua macchina per scrivere, di giorno per ore e, purtroppo, a volte, anche di notte. Per me poco male, ma i genitori dei miei amici protestarono con Carlotta, la prima volta che la incontrarono per le scale. Lei era di indole molto pacifica e rinunciò a battere sui tasti, di notte.

Mi accadde che, dopo una notte fuori di casa, rientrando la mattina, trovai che tutti erano già usciti. Non mangiavo da due giorni e lo stomaco mi si contraeva. Nella "corte" la caccia offriva ben poco, nonostante il padre dei ragazzi avesse sentenziato: – Se non torna vuol dire che trova da mangiare fuori casa –.

Per la verità, avevo anche cercato ma, nelle cantine intonacate di fresco, niente topi, rare lucertole nell'orto, improbabili uccellini sull'unico albero di fichi.

Una scia di profumo di pesce fresco mi attrasse verso il pianerottolo superiore. Mi vergogno ad ammetterlo, ma miagolai penosamente. E Carlotta mi aprì la porta dell'appartamento. Mi si rivolse come se sapesse che potevo capirla.

– Si dimenticano di darti da mangiare e ti fanno fare la vita del randagio. Non si prendono animali, se non si sanno tenere... –.

Avessi avuto la parola, avrei difeso i miei ragazzi. D'altra parte, con la fame che avevo in corpo, considerai una fortuna non saper parlare. Carlotta mi pose davanti un cartoccio con teste di sardine. Per la verità non sarebbe stato il mio pasto preferito e, in altri tempi, le avrei rifiutate considerandole scarti ma, in quell'occasione, le divorai così di fretta che a malapena mi insaporirono la gola.

Miagolai a Carlotta: – È poco, ma grazie lo stesso –.

– Lo so che è poco, ma non avevo previsto di averti come ospite –.

Trasecolai. Mi aveva capito? O forse aveva il potere di leggere nel pensiero? Telepatia. Noi gatti ne siamo dotati, ma gli umani?

I ragazzi del piano di sotto, Fabio e Gaetano, divennero presto amici di Francesco. Tolto qualche tiro di fionda nei primi tempi, mi lasciarono in pace. Mentre la signora

Geltrude, padrona del gatto Satanasso, dal giardinetto accanto, mi dimostrò il suo odio più volte. Spesso, mi vuotò addosso il secchio dell'acqua che le era servita per lavare i pavimenti, altre, mi colpì con lo spazzolone.

Tutto questo passò in second'ordine, quando seppi, dal cane Tommaso, che Circe ricambiava il mio amore. Io passavo ore sul muretto di casa sua, confinante con quello di Satanasso, rischiando bagni freddi e bastonate. Mi contentavo di sguardi e sospiri, in attesa di una distrazione del mio nemico. Poteva capitare che dimenticasse la porta-finestra aperta, no? – E infatti, una volta, accadde.

Un giorno, dal mio terrazzo, vidi Circe avanzare con cautela sul muro della ferrovia. Mi saltò il cuore nel petto, quasi mi uscì di bocca. Circe si soffermò, languida, a guardarmi. Emise un lungo, modulato, invitante miagolio, segnalandomi che la sua stagione d'amore era propizia. Per fortuna, Satanasso non si trovava nei paraggi.

– Aspettami, dolcezza – miagolai, con tutto il fiato che l'emozione mi consentiva.

Ed era tanta la paura di perdere quell'opportunità imprevista che, per raggiungere la gatta, presi la strada più rischiosa: saltai dal terrazzo del primo piano. Finii sul tendone del terrazzo di sotto, da lì nell'orto, compiaciuto che lo sguardo ammirato di Circe seguisse le mie spericolate acrobazie.

– Salta giù dall'altra parte – le miagolai, quando le fui accanto sul muro della ferrovia. Volevo levarmi al più presto dalla vista dei curiosi, temevo soprattutto un arrivo improvviso di Satanasso.

– Ma i treni... – tentennò.

– Basta stare lontani dai binari. E... quando sei con me, non devi avere paura –. Dentro di me temevo che il suo "carceriere" la ritrovasse.

Saltammo dall'altra parte e ci tenemmo a ridosso del muro, lontano da ogni pericolo. Ci rotolammo su deliziosi cespugli di "erba gatta" e, nella notte, miagolammo lunghi canti alla luna. Restammo fuori casa due giorni. Fu meraviglioso.

Noi gatti abbiamo le stagioni dell'amore, non so gli uomini. Però so che Marilena diventò improvvisamente molto strana e di umore mutevole. Senza motivo apparente, passava dalla malinconia all'allegria più sfrenata. Ad essere sincero, sembrava un po' matta. A volte, la sorpresi davanti allo specchio a provare atteggiamenti strani, come per una recita. A volte drammatizzava, altre esultava.

– Sono brutta, irrimediabilmente brutta... –.

– Sono abbastanza bella. Forse bellissima... –.

Da un giorno all'altro, diventò più alta. Non perché fosse cresciuta, ma per via di quei "cosi" assurdi, chiamati tacchi. Non so se hanno qualcosa a che fare con i "tacchini"... Le gatte almeno non si servono di simili trucchi sleali!

La sera, avevo l'abitudine di andare al cancello che dava sulla strada principale, nell'ora in cui Marilena erano solita ritornare. Fui, quindi, il primo a vedere Lorenzo, il ragazzo che l'accompagnava a casa. Nel pomeriggio lei seguiva un corso d'inglese e stenodattilografia, oltre agli studi regolari della mattina. L'amore irradia, intorno a sé, una potente energia e io, che stavo vivendo la passione per Circe, sapevo riconoscerla. Quei due sembravano sospesi per aria e si guardavo come due piccioni che tubano fra loro. Non provai solidarietà, anzi un'istintiva diffidenza, forse gelosia. Quel ragazzo, però, dovetti ammetterlo, aveva un aspetto "umanamente" piacevole: era alto, biondo, atletico.

Marilena mi presentò: – È il nostro gatto. Lo chiamiamo Muci per praticità. Per la verità, si chiamerebbe Socrate –.

Il ragazzo si ritrasse: – I gatti non mi piacciono per via di uno spavento avuto da bambino –. Seguitò: – Non dico che adesso mi facciano paura, ma preferisco non averli vicini –.

Sperai che Marilena mi difendesse, invece disse soltanto: – Scusami, lo terrò lontano quando ci sei tu –.

– Sai... anche dal punto di vista igienico... i gatti sono portatori di talmente tante malattie... –.

Io sgattaiolai via, molto offeso. Ecco cos'era: un igieni-sta. Avevo ragione a diffidare di lui.

Da giorni, vedevo Circe soltanto da lontano. Aveva confidato a Tommaso, e il cane mi aveva riferito, di essere infelicissima. Al ritorno dalla nostra luna di miele, quel mostro del suo padrone l'aveva picchiata. Io ribollivo di rabbia impotente. Tanto aveva osato?!

E fece di più. Chiese ai due "tiratori scelti", Fabio e Gaetano, di prestargli la fionda.

Specificò: – Voglio vedere se ho sempre buona mira –.

Io stavo sonnecchiando al sole, sui gradini della casa e, a quelle parole, fui svelto a svegliarmi. Avevo capito le sue intenzioni, invece i ragazzi lo capirono solo quando mi prese di mira.

– Ehii, quello è il gatto di Francesco! – protestarono.

Io, appena scosso dal torpore del sonno, mi spostai in avanti e quel movimento brusco mi salvò la testa e probabilmente anche la vita. Il sasso mi colpì a una zampa posteriore. Su tre zampe, infilai la porta di casa. Salii faticosamente le scale e mi appiattii contro la porta del nostro appartamento. Il dolore era così forte che miagolai con tutto il fiato, la zampa sanguinava e pendeva miseramente. Così mi trovò Francesco, informato dagli amici. Gridò, balbettò e imprecò, con la pena per me e la rabbia verso il mio nemico.

Dal piano di sopra, accorse Carlotta, proprio mentre il ragazzo stava dicendo:

– Se trovo la sua gatta la faccio a fette –.

A quella frase mi si accapponò la pelle e mi divincolai, procurandomi un dolore più intenso alla zampa.

Carlotta disse: – Muci non sarebbe contento se tu facessi del male a Circe perché è la sua innamorata –.

Nel frattempo, m'era uscito un altro lamento. E la donna, impietosita: – Questa povera bestiola va curata... –.

– Non si preoccupi, ci penso io – reagì Francesco, quasi infastidito. In cuor mio gongolai: il ragazzo non voleva estranei fra noi ed era geloso. Mi portò alla Clinica Universitaria di Veterinaria, tenendomi in braccio come un bambino. Là, medicarono e steccarono la mia povera zampa fratturata.

Purtroppo, fui costretto a casa per diversi giorni, tormentato dal pensiero di Circe. Chissà che cosa poteva aver pensato di me, non avendomi più visto in adorazione dietro la sua finestra.

Più che in casa, stavo prevalentemente sul terrazzo, così vidi Satanasso sul muro della ferrovia e mi feci forza: – Come sta Circe? Non la vedo da molti giorni –.

– E proprio a me lo chiedi? –.

– Sono ferito, per questo non posso uscire... – azzardai.

– Chi ti ha ferito? – miagolò sarcastico, perché, di certo, conosceva i fatti.

– È stato quell'aguzzino che si crede il padrone di Circe –.

– Circe non corre alcun pericolo, è una gatta nobile. Il padrone la tiene in considerazione. Tu, piuttosto, guardati da quell'uomo. Non dovrei dirtelo io ma, che vuoi, sono generoso. Ha giurato di annegarti in Arno... L'ho sentito parlare con la mia padrona: non sei il solo a capire il linguaggio degli uomini... –.

– Mi fa piacere saperti istruito – risposi – Lo sei talmente che ammetti perfino di avere una padrona... –. Ironizzavo fiaccamente.

– E tu non hai padroni? –.

– Non ho padroni. Il giorno che vorrò andarmene, lo farò senza renderne conto a qualcuno –.

– Sei un illuso, ecco cosa sei. E sta lontano da Circe, se ti preme la vita –.

– Forse tu non sai che Circe mi ama –.

Sarebbe stato prudente evitare quella frase, ma mi era sfuggita.

– So che Circe si dispera. Bell'affare mettersi con te, ridicolo gatto beige tutto pelo –.

– Non sai che nelle mie vene scorre sangue persiano, per questo, forse, sono piaciuto a Circe –.

– Sangue persiano annacquato. Il padrone di Circe vuole, per la sua gatta, un persiano puro –.

Senza aggiungere altro, saltò giù dal muro e si allontanò.

Gli miagolai a gran fiato: – Di' a Circe che non l'ho dimenticata –.

XVIII

DELUSIONE

Venti giorni di clausura furono poco piacevoli. La casa restava disabitata per quasi tutto il giorno. I pasti erano frettolosi e, a tavola, i soliti discorsi che non mi riguardavano. Molto peggio quando era invitato a cena Lorenzo. Ero costretto a consumare i pasti, chiuso sul terrazzo e ci restavo fino a quando gli altri non avevano finito di mangiare. Addio piccoli bocconcini, passati di nascosto dai miei ragazzi, sotto il tavolo.

Poi ci fu un episodio decisivo. Un pomeriggio come tanti, Lorenzo era in casa nostra a studiare con Marilena. Di solito, mi chiudevano in un'altra stanza o sul terrazzo, quel giorno lo dimenticarono. Ne approfittai per finire sotto il loro tavolo. Saltai sopra una sedia accanto, senza essere visto. Erano lontani tempi in cui mi acciambellavo sulle spalle di Marilena e lei mi definiva "una sciarpa da regina".

Vidi, sbirciando da sotto, che Lorenzo metteva un braccio attorno alle spalle della mia amica e accostava il viso al suo. Mi si annebbiò la vista, non fatemi spiegare il

133

motivo, non saprei dare un senso logico, so solo che detestai Lorenzo più che mai. Fu gelosia? Inarcai la schiena e soffiai, saltando contemporaneamente sulle gambe del ragazzo. Lui cacciò un urlo, secondo me abbastanza ridicolo. Si drizzò in piedi e io mi aggrappati alle sue gambe, prima di saltare a terra.

Diciamo pure che lo graffiai.

– Brutta bestiaccia schifosa – gridò.

– Non voleva graffiarti – accennò Manuela – lo hai spaventato –.

– Io? Il gatto mi ha spaventato e magari i suoi graffi sono infetti e... –.

Seguì un certo trambusto, accorsero gli altri. Lorenzo fu disinfettato per bene, unica mia consolazione i solchi rossi lungo le sue gambe ma... niente di grave, nemmeno una goccia di sangue.

Subii l'umiliazione di essere preso per la collottola da Marilena che mi rinchiuse nel ripostiglio. Praticamente, in castigo. Dentro quel bugigattolo senza finestra, rimasi per molte ore, anche dopo che Lorenzo se ne fu andato, perché si dimenticarono di me. Mi tirò fuori Francesco, verso ora di cena. Rimproverò Marilena.

– Povero Muci, sei talmente cotta di Lorenzo che maltratteresti tua madre –.

– Mi sembra esagerato paragonare il gatto alla mamma –.

Abbassai le orecchie, ferito fino al cuore. Zoppicai con la coda fra le gambe e mi rimpiattai sotto un mobile. Coincidenza o meno, suonarono alla porta ed era Carlotta. Quella donna era davvero speciale.

– Come sta il gatto? –.

La sua voce mi rinfrancò e tornai allo scoperto.

Lei seguitò: – Ho portato dei crognoli per Muci –.

I crognoli sono dei piccolissimi pesciolini, si chiamano anche "zatterini", il nome scientifico è "Atherina mochon". L'avevo sentito dire dai ragazzi ma, in realtà, so soprattutto quanto siano prelibati, cotti o crudi.

– Venga, signorina Carlotta... – invitò Marilena, con tono gentile, non so quanto sincero.

Accantonai il pensiero della mortificazione appena subita e miagolai golosamente perché l'odore del pesce fresco era irresistibile. Mi avvicinai a Carlotta, confidenzialmente, senza ritegno. Avevo eliminato quell'inutile "signorina" e seguiterò a chiamarla soltanto Carlotta, raccontando di lei. Le dimostrai di gradire l'omaggio, strusciando e dando zuccatine contro le sue gambe.

Divorai i deliziosi crogioli quasi guizzanti, azionando il "fusometro" a ritmo elevatissimo. Avevo dimenticato quel delizioso sapore perché, da un po' di tempo, ero costretto a cibarmi degli avanzi di tavola e, poiché non mangio farinacei, potete immaginare quanta fame mi restava. Qualche volta, mi proponevano dei nauseabondi mangimi in scatola. Era un miscuglio che dubito contenesse una carne molto sospetta. Non so come, mi turbava l'idea di essere diventato, involontariamente, cannibale.

Nel frattempo, Carlotta era stata invitata a sedersi e Marilena le faceva, non so quanto volentieri, compagnia. Ma io, si sa, ero prevenuto, dopo i recenti fatti, verso la mia amica. Infatti, come per punirla, finito il pasto, saltai sulle ginocchia di Carlotta. Questa prese ad accarezzarmi. È incredibile il piacere che può dare una carezza... Quasi mi addormentai sotto le sue mani calde.

– In Clinica veterinaria hanno fatto un buon lavoro – disse Carlotta con tono competente, toccando la mia fasciatura.

– Muci ha un fisico robusto – rispose Marilena.

Si sentì in dovere di raccontare i miei vecchi malanni e certe mie passate avventure. Raccontò della Romagna, del viaggio verso la Sicilia, del mio smarrimento al porto, dell'incontro con il mio sosia e infine accennò a Misero. Al solo sentirlo nominare mi si raggrinzì la pelle della nuca. Provavo dispiacere e rimorso.

– È un gatto straordinario – commentò Carlotta.

Con quelle parole, dopo i crognoli, mi conquistò totalmente.

– Si dice che a certi animali manchi solo la parola – seguitò Marilena – di Muci ammetto che, a volte, sembra dire "ciao" invece che miao –.

136

Scoppiò a ridere come se avesse affermato un'enormità.

Carlotta rispose: – Lo so. Ogni volta che mi incontra, mi saluta –.

Mi diede una grattatina sulla testa: – Sarebbe interessante se il gatto raccontasse, da sé, la propria storia, dal suo punto di vista, voglio dire. Chi meglio di lui... –.

– Mi dispiace deluderla. Muci, nel tempo, mi sembra diventato un gatto perfettamente normale. L'aria di Toscana lo ha cambiato –.

– O forse siete cambiati voi – considerò Carlotta, donna straordinaria.

XIX

IL NEMICO

Francesco, per posta, ricevette l'invito di un suo amico romagnolo. Lo ricordavo molto bene: Matteo. Quello che mi aveva paragonato ad una tigre. Alla notizia, provai una tale emozione da sentirmi malfermo sulle zampe. Ingenuamente sperai che Francesco mi portasse con sé. Invece lui, per l'euforia, quasi si dimenticò di portarmi in clinica perché mi togliessero la stecca alla zampa.

Appena liberato da quell'impiccio, pensai subito a Circe, ma, perdonatemi, fu un pensiero nebuloso. Con l'illusione di tornare in Romagna, perfino la mia gatta passava in seconda linea.

Feci di tutto per fare capire a Francesco quanto desideravo seguirlo, certo un'assurdità. Ma che volete, io ci sperai. Mi strusciai contro di lui, gli mordicchiai le caviglie, mi rotolai sul pavimento, umile e servile, come avevo visto fare ai cani.

Il ragazzo sembrò comprendere.

– Sembra che Muci abbia capito che parto... Forse gli dispiace che me ne vada, o forse gli piacerebbe venire con me... –.

– Che stupidaggine – commentò sua madre.

Poi ci si mise anche Marilena. – Lo sai che il "tuo" gatto si fa comprare con due lische di pesce dalla signorina Carlotta? –.

Il suo tono era sarcastico.

Ero davvero avvilito. Possibile che la mia cara amica fosse così cambiata? Forse i cuccioli d'uomo, quando diventano adulti, rinnegano gli affetti dell'infanzia? E pensare che mi aveva fatto da madre!

Mi sentii come una pelliccia vuota. Mi consolai, pensando a Circe. Per il momento non mi avrebbe tradito, dopo chissà. Fra noi gatti, non c'è obbligo di fedeltà. Fra gli umani, almeno in teoria, c'è. Fra gatto e uomo invece... Gli uomini ci accusano di essere infedeli e invece sono loro a tradire.

Con la zampa ancora debole, infilai l'uscio di casa, scesi le scale e mi trovai all'aria aperta. Respirai odore di libertà. Sognai di andarmene con Circe, in un mondo senza uomini. Provai rimorso per non essermi precipitato subito da lei, appena risanato.

Incontrai Satanasso che, per saluto, mi lanciò un "bada a te". Saltai sul muretto, davanti alla finestra di Circe. La mia mogliettina non stava dietro i vetri, come avevo sperato. Nel recinto c'era invece Tommaso, legato alla solita logora corda che non sarebbe bastata a tenerlo fermo, se avesse deciso di scappare. Ma quel cane era rassegnato

alla sua sorte. Aveva il muso lungo e le orecchie ciondo-
lanti e l'aria mesta da schiavo.

– Amico, sei un temerario – mi accolse – non ti sei
ancora ristabilito e vieni a cercare altri guai –.

– Non preoccuparti per me, dimmi di Circe –.

– Eh...Circe... pensava tu l'avessi abbandonata –.

– Com'è possibile? Non ha saputo che sono stato ferito? –.

– Ero presente, quando il mio padrone ti ha colpito...
quindi ho visto. Ma non ho avuto il coraggio di informa-
re Circe, date le sue condizioni... –.

– Vuoi dire che... –.

– Voglio dire esattamente quello che hai capito –.

– Diventerò padre: è meraviglioso –.

– Non rallegrarti. Il mio padrone ha giurato di annegarti in Arno. E, per i tuoi cuccioli, non vedo prospettive
diverse. Faranno appena in tempo a nascere, nemmeno
apriranno gli occhi –.

– Voglio vedere Circe, è indispensabile. Dille che l'a-
spetterò tutta la notte sotto il muro della ferrovia, là
dove ci incontrammo quell'unica volta –.

– Verrà. Il mio padrone, visto che il danno è fatto, ha
allentato la sorveglianza. Però, se vuoi un consiglio da
amico, lasciala perdere. Si rifarà una vita. Spero che, anche a te, resti una vita –.

– Quanto sei catastrofico: non ho paura, io. Menelik

diceva che abbiamo a disposizione, noi gatti, nove vite –.

Che amico Menelik, che saggezza e cultura. Forse era ancora vivo. Se Francesco mi avesse portato con sé, lo avrei rivisto. E ora, per amico, avevo un cane.

Notte buia, senza luna. L'ideale per un incontro d'amore, ma non per Circe, gattina aristocratica di salute cagionevole, abituata alle comodità. Tuttavia, mi domando quanto possa essere piacevole vivere sotto lo stesso tetto con un uomo rozzo e crudele, com'era il suo padrone. Un assassino.

Aspettai a lungo. La brezza mi inumidì la pelliccia e finalmente, nel buio, ci fu un tremulo miagolio.

– Socrate sei qui? –.

Dilatai le pupille e vidi la mia piccola, dolce gattina, sempre bellissima anche se più panciuta.

– Eccomi, dolcezza mia –.

L'annusai, le diedi zuccatine e strusciai il mio naso contro il suo, che era freddo per l'emozione.

– Come stai? – le miagolai trepido.

– Non tanto bene. Ho la nausea e ho poco appetito. Ma dimmi di te. Ho saputo, soltanto oggi, da Tommaso, della tua povera zampa –.

– La zampa ora sta bene: ho la pelle dura, io! –.

– Il mio padrone ti vuole morto. Sii prudente: ha giurato di annegarti in Arno –.

– Allora è una cosa seria, se lo sai anche tu. Tranquilla, so difendermi e poi, di certo, sai che ogni gatto ha nove vite. Ne ho consumate solo un paio, forse tre –.

– Mi preoccupo perché conosco quell'uomo: è astuto e molto pericoloso –.

– Non agitarti. Pensa ai piccoli che hai dentro di te –.

– Oh, Socrate, che ne sarà dei nostri piccoli? –.

E miagolò così angosciosamente che mi si arricciarono i baffi e mi si torse il cuore.

XX

IL BUON CUORE DI CARLOTTA

Seguii Francesco che era uscito di casa portando con sé una valigia. Caparbiamente ancora conservavo qualche speranza. Lo so che è un ragionamento più da uomo che da gatto ma, a vivere con gli esseri umani, alla fine ci si identifica con loro.

Appena fuori dal cancello, Francesco m'intimò: – Torna a casa! –.

Io, imperterrito, seguitai. Allora mi sollevò all'altezza del viso.

– Gatto, mio bello, non posso portarti con me – mi spiegò.

Di nuovo a terra, esitai, ma poi feci ancora un tratto di marciapiede dietro di lui. Allora il ragazzo ebbe un gesto mostruoso che mi tolse ogni residuo di fiducia nel genere umano. Raccolse un sasso e fece l'atto di lanciarmelo.

Impietrito dalla sorpresa, non mi mossi. E il sasso partì nella mia direzione. Mi colpì, non molto forte, ma mi colpì. Per fortuna un gatto non ha lacrime, altrimenti avrei dato un pietoso spettacolo. Il mio quasi fratello, il mio caro Occhi-verdi-dorati, usciva dal mio cuore e diventava un ragazzo qualsiasi di cui diffidare.

Soffrivo, ma reagii. Tornai indietro e, arrivato alle scale di casa, diedi una bella scrollata a tutto il corpo. Superai il pianerottolo di quella che era stata la mia casa e arrivai davanti alla porta di Carlotta. Dopotutto il mio vero nome è Socrate e la filosofia m'insegna che, se un amore muore, un altro può nascere. Carlotta di certo mi avrebbe consolato della recente delusione.

Dietro la porta, la sentii battere su tasti della sua macchina per scrivere. Miagolai e venne ad aprirmi.

– Ciao, simpaticone – mi accolse.

– Ciaaaao... – le risposi. Mi sembrò un secolo dall'ultima volta che avevo modulato "miao" invece che "ciao".

– Giurerei che hai detto ciao... sei davvero un fenomeno. Però mi sembri giù... forse perché il tuo amico è partito? –.

A sguardi e miagolii cercai di dirle la mia pena. Ero certo che la sua sensibilità le avrebbe permesso di capirmi. La osservai con criteri umani, era carina e niente affatto vecchia, come era solita dire Marilena. Fosse stata una gatta e non avessi avuto Circe nella testa, forse... Ma non era una gatta.

– Mettiti comodo – invitò – Sto lavorando. Fammi finire la pagina che ho cominciato e poi ti offrirò uno spuntino. Vuoi sapere del mio lavoro? Sono una scrittrice, ma... non dirlo a nessuno: è un segreto. Voglio evitare la curiosità dei vicini. Già dicono di me "quella pazza zitella che parla da sola...". In effetti... ora parlo con te, ma giurerei che mi capisci. Sai, quando una persona vive sola, e poi donna, è più esposta alle critiche della gente. La gente... è un insieme di individui senza nome. E, se non hanno nome, hanno poca importanza, ti pare? Basta. Lasciami scrivere e... appena finito, ti leggerò il mio ultimo racconto... –.

Attesi con rassegnazione.

XXI

UN CANE PER AMICO

La mia vita trascorsa mi è passata davanti agli occhi, nitida e velocissima. Come accade a un condannato a morte, nell'attimo in cui il boia sta per finirlo. Il mio boia seguita a pedalare, ma ne ha per poco. Sento l'odore del fiume. L'Arno non è più d'argento, come in una vecchia canzone, ma torbido, schiumoso, maleodorante. A seconda del vento, un odore nauseabondo attraversa la città. Gli uomini chiamano tale fenomeno "inquinamento". Pare che ne siano responsabili essi stessi, ma non sanno porvi rimedio.

Un cane abbaia all'impazzata e mi distoglie dai pensieri funerei. L'assassino in bicicletta barcolla, si ferma, impreca. Attraverso la tela del sacco, là dove la trama è più consumata, vedo un cane che ci insegue: è Tommaso.

Ah, la vergogna, se Tommaso mi salvasse! Si parlerebbe per secoli di un gatto salvato da un cane e la gloria sarebbe del cane. Meglio morire.

Tommaso abbaia: – Socrate, mi senti? –.

Non rispondo. La bicicletta riprende a muoversi. E Tommaso sembra impazzire. Si slancia contro le gambe del suo padrone, come se... non fosse il suo padrone. Si attacca con i denti ai pantaloni e lo costringe a fermarsi di nuovo.

– Tommaso, vattene, stupido cane. Vedrai che legnate, se non la fai finita..! –.

Ma Tommaso insiste, anche se un calcio sul muso lo ha fatto sanguinare. Non voglio ammetterlo ma sono commosso per tanta generosità e coraggio. In fondo sono stato un gatto fortunato, ho avuto dei veri amici: Menelik, Misero, Tommaso. Pazienza se l'ultimo è un cane.

– Coraggio, Socrate, datti da fare, non essere vigliacco! – m'incita Tommaso.

Questa poi... Mi divincolo e tento di strappare la tela, con le unghie e con i denti. Intorno si è raccolta gente. L'assassino non può negare di conoscere quel cane, perché più di una volta lo ha chiamato per nome.

Gli chiedono: – Che cosa c'è nel sacco? –.

E qui l'uomo sbaglia perché mente. – Erba per i conigli –.

– Come si muove, l'erba – grida ironico un ragazzino. Nel frattempo si è avvicinato un vigile urbano, o forse qualcuno lo ha chiamato.

– Sgomberate – intima alla gente intorno. Penso di aver perduto l'occasione di fuggire. Ma il vigile seguita:

– Vuole aprire il sacco, per favore? –.

Il solito ragazzino s'intromette. – Dice che c'è dell'erba, ma il sacco si muove. E il suo stesso cane non sembra convinto –.

Infatti, Tommaso tenta di liberarmi con i denti. È segno che quanto sta dentro gli preme. Tutti certo penseranno che dentro ci sia un cucciolo di cane. Il sacco viene aperto. Mi basta un attimo. Balzo fuori e corro come il vento. Mi raggiunge la risata dei presenti e, subito dopo, l'ansito di Tommaso che mi sta alle calcagna. Di noi penseranno: "Un cane che rincorre un gatto". Niente di strano.

Troviamo Circe sul muretto a crogiolarsi al sole.

– Amore mio, sei salvo – mi accoglie. Considero quanto placidamente se ne stava.

– Circe voglio scappare in Romagna, vieni via con me –.

Mi guarda languida e sorniona: – Ma che dici, come potrei, ho una salute così cagionevole... –.

Non ho il coraggio di guardare Tommaso, tanto mi sento umiliato. Il cane abbaia:

– Presto, sta arrivando il mio padrone: scappa –.

Appena in tempo mi ricordo di miagolargli un "grazie, sei un amico" e fuggo per le scale di casa. Ma i ragazzi non ci sono e nemmeno la loro madre. Raspo contro una porta che non si apre.

Intanto, il mio nemico ha il coraggio di inseguirmi fin qui, mentre Tommaso gli sta alle calcagna e abbaia come un matto.

Salgo al piano superiore e la porta di Carlotta si apre. È lei che affronta il mio nemico. Lui ha ancora il sacco in mano e il suo viso è paonazzo di rabbia.

– Si vergogni – grida Carlotta – chi non ama gli animali non ama nemmeno gli uomini –.

– Gli animali, io, li amo più che gli uomini. Non amo quel gattaccio bastardo che mi entra perfino in casa! –.

Agita il sacco come se fosse un'arma, segno che non ha rinunciato a rinchiudermici dentro.

– Mi è scappato per colpa dell'idiota del mio cane, altrimenti... –.

– Lo ha salvato il cane? – trasecola Carlotta.

L'uomo è talmente fuori di sé che non si controlla: –... altrimenti sarebbe già in fondo all'Arno –.

– Se ci riprova, la denuncio alla Protezione degli animali o direttamente alla Polizia – minaccia Carlotta e gli chiude la porta in faccia. Si soffia il naso e giurerei che è commossa. Deve avere il cuore tenero come il burro.

Mi fanno trasalire i guaiti di Tommaso, povero amico mio, che ora paga per la sua generosità.

XXII

SOCRATE SCEGLIE

Carlotta mi offre una ciotola di brodo tiepido che lambisco in due linguate, tanto ne ho bisogno. Poi la donna va alla macchina per scrivere e sfila il foglio che sta nel rullo. Ne infila un altro bianco e mi osserva molto pensierosa. Mi fissa a lungo. Per un po' sostengo il suo sguardo penetrante, poi mi metto a sonnecchiare sul tappeto. Dopo tante emozioni, ci vuole un buon sonno. Nel dormiveglia rifletto: "Qui sto bene, qui voglio restare, sotto la protezione di Carlotta... i ragazzi non possono obbligarmi a tornare con loro. Diranno che sono infedele, opportunista, che mi faccio comprare da due lische di pesce. Pazienza. Tante ne hanno dette e ne dicono, dei gatti. Altre ne diranno."

Carlotta decide: – Voglio scrivere la tua storia –.

Mi sveglio di colpo.

– Ma vorrei scriverla come faresti tu, se potessi. In qualche modo, devi suggerirmi, amico mio. Di te so abbastanza, per quanto mi ha raccontato Marilena e per quanto ho potuto constatare io stessa. Capisco, però, che non basta. Mi piacerebbe la tua interpretazione dei fatti... –.

Mi sono di colpo tornate le forze e l'ottimismo: la proposta è entusiasmante. E, inoltre, Carlotta è molto telepatica, so io come trasmetterle i miei pensieri. Adesso mi sento un vero supergatto. Da tanto non provavo una simile euforia. Balzo sul tavolo e mi acciambello accanto alla risma dei fogli. Do zuccatine alla mano di Carlotta che si accinge a battere sui tasti. Lei ride compiaciuta, io aziono il fusometro, ronfando di orgoglio.

INDICE

Finito di stampare nel mese di febbraio 2015

www.ingramcontent.com/pod-product-compliance
Lightning Source LLC
Chambersburg PA
CBHW020340260626
47156CB00004B/1623